Politiques et pratiques foncières en Afrique de l'Ouest

Ibrahima DIALLO

POLITIQUES ET PRATIQUES FONCIÈRES EN AFRIQUE DE L'OUEST

Sénégal
L'Harmattan

L'Harmattan-Sénégal, 2024
10 VDN, Sicap Amitié 3, Lotissement Cité Police, DAKAR
senharmattan@gmail.com / senlibrairie@gmail.com
ISBN : 978-2-336-45399-6
EAN : 9782336453996

SOMMAIRE

LES TABLEAUX

Les graphiques

ACRONYMES

AOF	:	Afrique Occidentale Française
AOPP	:	Association des Organisations paysannes Professionnelles
BAD	:	Banque Africaine de Développement
CEA	:	Commission Économique pour l'Afrique
CDF	:	Code Domanial et Foncier
CFD	:	Code Foncier et Domanial
CLD	:	Cadre et Lignes Directrices sur les Politiques foncières
CAE	:	Contrat Annuel d'Exploitation
CAGF	:	Cadre d'Analyse de Gouvernance Foncière
CEDEAO	:	Communauté Économique des États de l'Afrique de l'Ouest
CDI	:	Charte du Domaine Irrigué
CILSS	:	Comité International de Lutte contre la Sécheresse dans le Sahel
CONAREF	:	Commission nationale de la réforme foncière

DPFMR	:	La Déclaration de la Politique Foncière en Milieu Rural
CNOP	:	Coordination Nationale des Organisations Paysannes
CRAFS	:	Cadre de Réflexion et d'Action sur le Foncier au Sénégal
IPAR	:	Initiative Prospective Agricole et Rurale
FAO	:	Organisation des Nation Unies pour l'alimentation et l'Agriculture
FIDA	:	Fonds International pour le Développement Agricole
HCR	:	Haut Conseil pour les Refugiés
LOA	:	Loi d'Orientation Agricole
ON	:	Office du Niger
ONG	:	Organisation Non Gouvernementale
OSC	:	Organisation de Société Civile
OP	:	Organisation Paysanne
OMVS	:	Organisation pour la Mise en Valeur du fleuve Sénégal
POAS	:	Plan d'Occupation et d'Affectation des Sols
ROPPA	:	Réseau des Organisations de Producteurs et Paysans de l'Afrique de l'Ouest
SIF	:	Système d'Information Foncier
UA	:	Union Africaine
UEMOA	:	Union Économique et Monétaire Ouest-Africaine
SAED	:	Société d'Aménagement et d'Exploitation des terres du Delta

INTRODUCTION GÉNÉRALE

La terre constitue la principale richesse du monde rural. Bien gérée et rationnellement mise en valeur, elle constitue un puissant facteur de développement économique. Elle est, en effet, le socle de la quasi-totalité des dynamiques de développement rural. Elle demeure aujourd'hui en Afrique de l'Ouest la principale source d'emploi en milieu rural et un moyen incontournable de croissance économique et de lutte contre la pauvreté. Elle constitue un levier de modernisation et de transformation structurelle des exploitations familiales. C'est pourquoi elle doit faire l'objet d'une gouvernance qui concilie deux objectifs irréductibles : permettre le développement économique par la mobilisation des ressources naturelles et préserver la paix sociale en faisant les arbitrages nécessaires entre usagers, intérêts concurrents.

À l'épreuve des faits, l'on se rend compte que le foncier fait l'objet de toutes les convoitises, surtout dans un contexte ouvert de prédation. La saturation foncière devient une réalité avec le croît démographique. Le changement climatique renforce la vulnérabilité des terres avec la perte massive de zones arables. Ces deux facteurs rendent plus dure la compétition autour des ressources. Il s'y ajoute l'arrivée des investissements directs étrangers qui, dans les pays où les marchés fonciers sont reconnus, amplifie les pertes « légales » de terres dans le cadre du phénomène d'acquisition de terres à grande échelle et impacte considérablement les exploitations familiales.

Suite au constat d'échec des systèmes centralisés de gestion foncière qui ont prévalu en Afrique de l'Ouest pendant plus de trois décennies d'indépendance, les États se sont fermement engagés à mettre prioritairement en œuvre des réformes politiques, législatives et institutionnelles fondées sur la participation et la responsabilisation des acteurs à la base dans la gestion de leurs ressources naturelles. Il a été recommandé que de telles réformes soient sous-tendues en amont par un processus de dialogue inclusif permettant de prendre en compte les besoins et les intérêts légitimes de l'ensemble des groupes d'acteurs concernés par la gestion du foncier et des ressources naturelles. En aval, elles devraient aboutir, dans chaque pays, à l'élaboration d'une législation d'ensemble fixant les orientations générales d'une gestion fondée sur l'équité et la justice sociale. Il reviendrait alors aux populations locales, à travers leurs institutions à la base, de rechercher les modes d'application de ces orientations qui prennent en compte leurs réalités, économiques, sociales et culturelles.

Cette étude porte sur trois points essentiels :

- **Cartographie de la situation foncière en Afrique de l'Ouest ;**
- **Analyse des dynamiques foncières dans le bassin du fleuve Sénégal ;**
- **Stratégies régionales pour une gouvernance inclusive, responsable et sécurisante.**

Titre I

Cartographie de la situation foncière en Afrique de l'Ouest

CHAPITRE I

ÉTAT DES LIEUX DE LA GOUVERNANCE FONCIÈRE EN AFRIQUE DE L'OUEST

SECTION 1

L'ÉTAT DES LIEUX DE LA GOUVERNANCE FONCIÈRE DANS LES PAYS FRANCOPHONES DE L'AFRIQUE DE L'OUEST

§ 1. L'état de la tenure foncière du Sénégal : de la consistance et des droits consacrés timidement évolutifs

Avec la grande réforme foncière et domaniale de 1964, la quasi-totalité du sol, 95 % environ, a été érigée en domaine national par la loi 64-46 du 17 juin 1964. Aux termes de l'article 1er de cette loi, le domaine national est constitué de plein droit par toutes les terres non classées dans le domaine public, non immatriculées et dont la propriété n'a pas été transcrite à la conservation des hypothèques à la date d'entrée en vigueur de la législation. Le Domaine National ainsi constitué englobe des terres variées, diversement occupées et à vocations différentes que la loi a subdivisé en quatre catégories : les zones urbaines, les zones classées, les zones des terroirs et les zones pionnières[1]. L'administration des terres du domaine national est faite sous l'autorité de l'État, en fonction de la catégorie dans laquelle elles sont classées.

Avec la loi sur le domaine national, de nouveaux droits sont créés. Pour ce qui est des terres de terroirs réservées pour l'habitat rural, l'agriculture et le pastoralisme, le domaine national a amené des spécificités :

- la négation imparfaite des coutumes : à travers la loi, le régime foncier a été unifié et la négation des droits coutumiers a été proposée. Cependant, la loi elle-même ne dépossède pas les utilisateurs trouvés sur place car, sur la base de l'article 15, ils pouvaient continuer à occuper et à exploiter les terres sur lesquelles ils n'ont qu'un droit coutumier. L'on verra que le juge fait application de cet article en annulant des délibérations faites sur des terres déjà occupées.
- la reconnaissance du droit d'usage : le domaine national notamment sur les terres de terroirs ne reconnaît que le droit d'usage avec des caractéristiques spécifiques :

---

[1] -les zones urbaines constituées par les terres situées dans le territoire des communes et des groupements d'urbanisme prévus par la législation applicable en la matière. Ces zones peuvent toutefois englober les terrains à vocation agricole ; -les zones classées constituées par les zones à vocation forestière ou les zones de protection ayant fait l'objet d'un classement dans les conditions prévues par la législation particulière qui leur est applicable; -la zone des terroirs qui correspond aux terres qui sont régulièrement exploitées pour l'habitat rural, la culture ou l'élevage ; -les zones pionnières qui correspondent aux autres terres (elles sont définies par décret et généralement destinées à recevoir des programmes d'aménagement et de développement rural).

- le droit d'usage est un droit de jouissance différent du droit de propriété. Il est limité à l'utilisation de la terre ou de ses produits ;
- le droit d'usage vaut pour une durée indéterminée mais il est viager. Il cesse de produire ses effets à la mort de l'affectataire. Les ayants droit devront introduire une demande de réaffectation à leur nom au bout de trois mois. Ils seront en position prioritaire par rapport aux autres demandeurs mais en veillant à voir s'ils remplissent les conditions d'accès et à ne pas leur donner une quantité de terre qu'ils ne puissent exploiter ;
- comme le droit d'usage est limité à l'usus et le fructus, l'affectataire ne peut procéder à aucune forme de transaction (prêt, vente, location, gage, etc.) ;
- l'héritage automatique n'est pas possible, car la terre n'est pas versée dans le patrimoine de l'affectataire. La suite du décès de celui-ci, les ayants droit ont jusqu'à 3 mois pour demander la réaffectation à leur nom en se soumettant aux conditions d'accessibilité à la terre, notamment la condition de résidence et de capacité de mise en valeur, mais également en veillant à ce que la superficie qui leur est réaffectée ne soit pas susceptible d'une exploitation rentable.
- Le titulaire du droit d'usage ne peut lever des crédits auprès des établissements de crédit car le domaine national est protégé par des principes de la domanialité : insaisissabilité, indisponibilité, incessibilité et imprescriptibilité.

Le choix fait, en matière d'affectation des terres des zones de terroirs, est de donner compétence aux communes pour procéder à l'affectation des parcelles. Or les pouvoirs fonciers qu'elles détiennent ont été conçus pour permettre une répartition équitable des terres entre les seuls membres de la « communauté » ou « nouveaux membres » ou les personnes morales dotées de personnalité juridique comme les sociétés, les groupements, les associations, etc. On sait que, dans l'état actuel de la législation sur le domaine national, deux conditions doivent être remplies pour obtenir l'affection d'une parcelle :

- l'appartenance à la communauté rurale qui se manifeste notamment par le lieu de résidence et
- la capacité personnelle ou avec l'aide de la famille de mise en valeur.

Au Sénégal, la gestion du foncier est décentralisée au niveau des communes qui gèrent les terres sur la base de délibération portant affectation de terres soumise à un régime d'approbation préalable du représentant de l'État. Cependant, les collectivités locales manquent, assez souvent, de capacités pour une gestion efficace du foncier. Les ressources humaines de qualité manquent souvent dans les communes, surtout celles qui sont en milieu rural. Au niveau des collectivités locales, l'on fait le constat que la légitimité populaire prime sur la compétence. D'ailleurs, certains maires et les conseillers ont des connaissances très limitées du cadre juridique et institutionnel de la gouvernance du foncier en général et celui en matière foncière en particulier. Aussi, l'outillage annoncé dans la loi (registres, dossiers fonciers, fiches de demandes) n'est pas disponible dans beaucoup de communes. Il n'y a que les communes du Delta qui sont mieux dotées avec l'intervention de projets de développement à volets fonciers.

Dans les communes, le processus de délibération implique le déplacement de la commission domaniale sur le terrain, mais dans les budgets des communes, il n'y a pas de ligne réservée pour cette activité. C'est pourquoi les frais sont supportés par le demandeur, ce qui ne manque pas de favoriser une corruption bénigne.

Si la loi sur le domaine national a été considérée comme une loi révolutionnaire dans le contexte qui l'a vu naître, elle est de plus en plus confrontée à plusieurs défis. C'est pourquoi depuis les années 1990, la nécessité de sa réforme ou relecture pour l'adapter au contexte actuel est agitée. Beaucoup d'initiatives de réformes ont intervenu depuis, mais aucune n'a réussi.

La dernière initiative concerne la Commission Nationale de Réforme Foncière (CNRF) mise en place le 6 décembre 2012 par décret (n° 2012-1419), après la deuxième alternance. Cette initiative avait suscité un grand espoir. À travers une démarche participative impliquant les communautés de base, la CNRF a réussi à élaborer un document de politique foncière nationale présenté dans le cadre d'une rencontre multi-parties prenantes le 17 octobre 2016 avant d'être remis au Président de la République en avril 2017. Celui-ci prendra en mai 2017 un décret pour procéder à la dissolution de la CNRF. Ce qui ne manque pas de faire craindre la fin du processus de réforme. Maintenant que la politique est disponible, la seconde étape consiste à traduire les consensus retenus en actes législatifs et réglementaires. La crainte est davantage affirmée que le contexte politique est défavorable actuellement à une démarche soutenue pour engager et compléter la réforme, 2018 et 2019 étant des années électorales.

La Société civile s'est fortement mobilisée pour accompagner le processus de réforme. Se définissant comme une force de proposition plutôt qu'une force de contestation, elle s'est mobilisée depuis 2010 autour du Cadre de Réflexion et d'Action sur le Foncier (CRAFS) mis en place dans un contexte de « forte prédation foncière ». Le CRAFS a, dans un premier moment, fait une harmonisation des positions de ses membres et dans un second, il a travaillé à l'élaboration d'un document de contribution commune au document de politique.

La société civile prend acte des conclusions contenues dans le document de politique mais manifeste une certaine réserve envers quelques conclusions, surtout la tendance à la généralisation de l'immatriculation, notamment la reconnaissance des droits réels. Elle s'oppose à cette généralisation de la propriété foncière, propose la cessibilité encadrée de la terre limitée à la location, au prêt, à l'exclusion de la vente et dénonce l'utilisation de la terre en garantie, laquelle peut exposer le petit agriculteur à la perte de la terre dans un contexte d'absence de maîtrise des conditions de production, surtout dans cette incertitude climatique qui frappe les pays sahéliens et absence d'un système performant d'assurance agricole qui pourrait venir en secours en cas de sinistre.

Le Cadre de Réflexion et d'Action sur le Foncier au Sénégal (CRAFS) a vu le jour dans ce contexte et regroupe des acteurs hétérogènes. Ce CRAFS a mené un combat en direction de certains modèles d'investissement qui contribuent à fragiliser davantage les communautés. En 2012, quand la réforme foncière était initiée, le CRAFS existait déjà. Il s'est davantage structuré pour une participation plus marquée dans le processus de réforme. C'est ainsi qu'un travail a été entamé par les acteurs pour, dans un premier temps, une harmonisation des positions des membres et, dans un second temps, une fabrication d'une contribution unique de la société civile au processus de réforme. Le travail a pris du temps mais, au final, un document de contribution de la société civile au processus de réforme a été élaboré et remis au Président de la CNRF en avril 2016. À côté du CRAFS, le Sénégal dispose également d'un autre instrument de gouvernance multi- acteurs du foncier. Il s'agit de la Plateforme Nationale Directives

Volontaires/Gouvernance foncière (PN DV/GF). Cette plateforme existe depuis 2014 et a été mise en place en marge de la première rencontre nationale sur les Directives volontaires au Sénégal. Elle est structurée autour d'une plénière large et un comité de pilotage restreint composé d'organisations composé de structures étatiques et des organisations de la société civile notamment le CNCR qui assure la vice-présidence et IPAR qui anime le Secrétariat.

§ 2. La tenure foncière du Mali : d'une dynamique découlant de la pression à des résultats timidement constatés

Au Mali, la gestion foncière est au cœur de tous les enjeux en milieu rural. La pression sur les terres constitue une caractéristique majeure des nouvelles dynamiques foncières et demeure la source principale de la recrudescence des conflits fonciers. En réalité, la gouvernance foncière au Mali est confrontée à de nombreux problèmes qui sont, entre autres :

- ✓ la pression anthropique sur les ressources naturelles, la vulnérabilité environnementale et la multiplication des conflits fonciers ;
- ✓ la corruption et l'anarchie dans la gestion foncière ;
- ✓ l'inadéquation du cadre juridique et institutionnel.

Toute cette situation entraîne une insécurité foncière généralisée, source de conflits aux conséquences incalculables. Pour faire face à ces problèmes, le gouvernement malien a initié plusieurs actions relatives, entre autres, au foncier rural, à travers, d'une part, la Loi d'orientation agricole (LOA), la politique foncière agricole (PFA) et la loi foncière agricole (LFA) et, d'autre part, une reforme domaniale et foncière qui a abouti à l'adoption d'un document de politique domaniale et foncière et le démarrage de la relecture du code domanial et foncier.

Différentes initiatives ont vu le jour. La LOA résulte d'une initiative du chef de l'État malien qui, dans un discours prononcé en février 2005, a souligné son ambition de rendre l'agriculture malienne plus performante à travers une série de réformes dont les bases devraient être posées dans une loi d'orientation. Pour rendre la future loi conforme aux aspirations du monde rural, celui-ci a été pleinement associé à son élaboration, à travers ses associations représentatives.

Ainsi, la Coordination Nationale des Organisations paysannes du Mali (CNOP) a piloté le processus de concertations paysannes visant à recueillir les points de vue des producteurs ruraux sur les différents sujets et dégager des propositions pertinentes devant servir de fondement à la nouvelle politique agricole et à la loi la sous-tendant. Le processus de concertations est allé du niveau local au niveau national. Le processus d'élaboration de la LOA a enregistré également la participation d'autres acteurs, notamment les chambres consulaires, les ONG et diverses personnes-ressources qui ont fait parvenir des contributions, les services techniques de l'État, les anciens ministres et directeurs nationaux qui ont émis des observations sur les propositions formulées.

Enfin, un atelier national de synthèse a rassemblé les 16, 17 et 18 septembre 2005 tous les acteurs autour des propositions paysannes et techniques et a produit l'avant-projet de LOA déposé auprès du Gouvernement. Adoptée par l'Assemblée nationale le 16 août 2005, la LOA a été promulguée par le Chef de l'État le 5 septembre 2006.

Ainsi, la LOA est le fruit d'une forte volonté politique et de l'engagement des acteurs ruraux. Pour lutter contre la spéculation foncière et les détentions foncières abusives, la LOA a, entre autres, annoncé l'élaboration d'une politique et d'une loi foncières Agricoles. Mais c'est seulement huit ans après la promulgation de la LOA, le 31 décembre 2014, que le document de politique foncière Agricole sera adopté et la Loi sur le foncier Agricole trois ans après celui-ci (le 11 avril 2017).

Après l'adoption de la PFA, une commission restreinte a été mise en place pour l'élaboration de l'avant-projet de loi sur le foncier Agricole. Cette commission était animée par un expert foncier sous l'égide du SP LOA. L'avant-projet a été validé par un atelier auquel ont participé les responsables des services centraux et des directions régionales du ministère et l'Agriculture, ensuite par un atelier national multi-acteurs avant adoption par le conseil des ministres et transmission à l'Assemblée nationale. Un an après la promulgation de la loi les décrets d'application.

Il est important de noter que le processus d'élaboration et d'adoption de la LFA est allé en dents de scie, avec des reculs et des accélérations. Il a finalement connu un aboutissement heureux grâce à la forte mobilisation des organisations paysannes et de la société civile en général.

Il convient de noter qu'à ce jour, la plupart des textes d'application de la LOA existent ainsi que plusieurs institutions de mise en œuvre. Quant à la LFA, si les décrets d'application existent, ce n'est pas le cas des arrêtés instituant les modèles des imprimés des actes qu'elle institue.

La LFA, il faut le rappeler, est la traduction juridique de la PFA. Cette nouvelle loi a permis de :

- décentraliser de façon effective la gestion foncière agricole et créer des institutions foncières locales ;
- impliquer les populations dans cette gestion, via la mise en place de commissions foncières ;

- sécuriser de façon effective les droits fonciers, individuels et collectifs, des exploitations familiales Agricoles et des entreprises Agricoles, en introduisant notamment des outils de sécurisation peu coûteux et accessibles : les attestations de détention et de possession foncière qui reconnaissent les droits fonciers coutumiers ;
- sécuriser de façon effective les transactions foncières à travers les attestations de transaction foncière ;
- sécuriser de façon effective les terres de l'État et des collectivités territoriales ;
- définir une politique d'aménagement Agricole ;
- suivre et évaluer la mise en œuvre de la politique foncière Agricole à travers l'observatoire national du foncier Agricole.

La nouvelle loi sur le foncier rural au Mali est quand même intéressante car elle a consacré deux avancées. La première est relative à l'épineuse question relative aux droits fonciers des femmes. En effet, dans le cadre d'un plaidoyer continental à travers la campagne Kilimandjaro, les chefs d'État africains ont signé un engagement d'octroyer 30 % des terres aménagées aux femmes. Prenant acte de cet engagement, le Mali est l'un des rares pays à l'avoir honoré en se limitant bien entendu à 15 %. Également sur la question de la reconnaissance des droits coutumiers, le Mali opte pour un régime de reconnaissance des droits qui passe d'abord par une attestation de détention foncière délivrée au niveau villageois et ensuite par une attestation de possession foncière édictée au niveau communal.

L'enjeu majeur se trouve aujourd'hui dans l'implémentation du dispositif mis en place avec

§ 3. La tenure foncière de la Guinée : d'un cadre juridique désarticulé à un cadre juridique propre

Aujourd'hui en Guinée, l'arsenal juridique sensé encadrer la gestion du foncier rural se trouve en total décalage par rapport aux pratiques locales où les droits sont gérés par les instances coutumières, ce qui les confine dans un vide juridique, qu'il est nécessaire de combler. Cet écart entre le droit local et la législation se manifeste par des conflits souvent englués dans des processus interminables de résolution, sources de différentes formes d'insécurité foncière et de tensions sociales intrafamiliales, au niveau des villages et terroirs et entre communautés ou groupes d'acteurs.

Face à ces difficultés et à la volonté de l'État de dynamiser le secteur agricole pour en faire un véritable levier de développement, les questions essentielles concernent, d'une part, l'encadrement juridique qui permettrait de sécuriser tous les acteurs dans leurs droits et, d'autre part, la répartition souhaitable des rôles et responsabilités qui conforterait la légitimité des différents acteurs de la gouvernance du foncier rural. Les pistes de réponses à ces questions devront tenir compte du souci de l'État d'approfondir le processus de décentralisation en cours, tout en ouvrant l'espace de la gouvernance foncière à d'autres acteurs locaux qui, sur le terrain et à travers leurs initiatives, jouent également un rôle majeur dans la gestion du foncier et des ressources naturelles.

En 1992 et à travers le Code foncier et domanial (CFD), la Guinée s'est dotée d'un cadre juridique et institutionnel foncier qui lui est propre. Le Code met en avant la propriété privée individuelle titrée ainsi que la présomption de domanialité de l'État sur l'ensemble des terres non titrées. Le CFD définit, entre autres, comme propriétaires « les occupants, personnes physiques ou morales, justifiant d'une occupation paisible, personnelle, continue et de bonne foi d'un immeuble et à titre de propriétaire », leur bonne foi pouvant être prouvée par « la mise en valeur de l'immeuble conformément aux usages locaux » (art. 39). Cet article pourrait être interprété comme une ouverture du CFD au droit coutumier. Mais, en pratique, la notion « d'occupation personnelle et continue » s'oppose à la logique du droit coutumier qui repose sur une combinaison de droits collectifs et de droits individuels, une exploitation discontinue des terres et de nombreuses délégations de droits dans le cadre de modes de faire valoir indirects. De 1992 à nos jours, le CFD souffre donc d'imprécisions et la réglementation devant permettre de l'appliquer n'a jamais été prise (décrets d'application, arrêtés, circulaires administratives). Les particuliers ne disposent que de très peu de titres prévus par le CFD, en particulier en milieu rural. La majorité des droits des ruraux se trouve donc dans une situation de vide juridique et ne sont pas reconnus par la Loi.

Constatant que le CFD ne prend pas en compte les spécificités du foncier rural coutumier, et la nécessité de le mettre en cohérence avec la décentralisation et les textes régissant la gestion des ressources naturelles (environnement, eau, forêts, pastoralisme), le Gouvernement et la Banque mondiale ont initié une Déclaration de politique foncière en milieu rural (DPFMR) promulguée par décret en 2001. L'objectif principal de cette politique était d'inscrire les droits et usages locaux au plan foncier rural géré par les Communautés rurales.

Cette Déclaration s'appuie sur le « constat que les droits des exploitants et des propriétaires traditionnels demeurent précaires et aléatoires ». Il est dit plus loin que « ces droits résultent d'une occupation continue et paisible de l'espace, mais ils ne sont juridiquement protégés que si l'on étend à leur bénéfice l'application de certaines dispositions du CFD (comme celles des articles 39, 40, 42, 111 et 119) ». Or l'analyse de ces articles montre qu'en réalité, ils ne permettent pas de reconnaître les droits fonciers locaux, tels qu'ils s'exercent actuellement en Guinée.

Dans la suite de l'énoncé, il est indiqué qu'« *en matière de propriété foncière, contrairement aux dispositions légales, les pratiques locales distinguent la propriété directe de la propriété utile du sol. Afin de consacrer et consolider les pratiques locales, pour qu'elles ne soient pas contraires aux objectifs et principes fondamentaux de la lutte contre la pauvreté, d'équité et de justice, des textes complémentaires du CFD seront adoptés. Ils seront conçus de manière flexible afin que puisse être prise en compte toute la diversité des situations et assurer une équité par rapport à l'accès et à l'utilisation durable des ressources foncières* ».

Ces textes complémentaires n'ont pour autant jamais été adoptés. Des projets visant à élaborer des plans fonciers ruraux recensant et enregistrant les droits locaux dans plusieurs communes pilotes ont été élaborés, mais la période d'instabilité politique qu'a connue le pays n'a pas permis la poursuite de ces projets. La Déclaration de politique foncière en milieu rural (DPFMR) n'aura ainsi donc jamais été suivie d'application concrète sur le terrain. Depuis 2012, la DPFMR n'étant pas appliquée, le gouvernement guinéen et ses partenaires techniques et financiers ont initié plusieurs réflexions pour évaluer les pratiques foncières ainsi que le cadre juridique du foncier. La Banque mondiale a initié une étude sur les outils juridiques du foncier ainsi que le processus LGAF piloté par le Ministère en charge de la ville et de l'aménagement du territoire. En parallèle, sous la tutelle du même Ministère, l'Union européenne finance les États généraux du foncier (EGF). Par ailleurs, le Ministère en charge des Mines et le Ministère en charge de l'Énergie ont lancé des processus de réflexion sur l'expropriation pour cause d'utilité publique et l'indemnisation des terres rurales, respectivement en partenariat avec le DPDDA II (USAID) et

GWI (IIED/UICN). Le diagnostic du foncier rural du Ministère en charge de l'Agriculture s'inscrit dans ces différentes réflexions en lien avec d'autres documents-cadres parallèles de pilotage (PNIASA, etc.) et le diagnostic que nous avons mené sur la situation foncière en Guinée s'est appuyé sur ces différents documents afin de capitaliser l'existant et de simplement le compléter.

La mise en place d'une plateforme de dialogue multi-acteurs sur la question foncière en Guinée nous semble être un espace qui devrait être utilisé pour débattre sur les enjeux et défis fonciers en Guinée, tant pour ce qui concerne les problèmes fonciers en milieu rural qu'urbain. Il s'agit de faire face aux principaux défis suivants :

- de dépasser l'excès de codification sectorielle et décloisonner la question foncière en Guinée : le code foncier et domanial ; la réglementation des plans fonciers ruraux ; le code de l'urbanisme et de l'habitat, le code des collectivités locales ; le code minier ; le code pastoral ; le code forestier ; le code de la protection de l'environnement… Il s'agit d'avoir une vision globale et cohérence de la problématique foncière en Guinée ;
- de renforcer la synergie entre services techniques de l'État en mettant en place un organisme unique de référence supervisant les services suivants : Direction Nationale du Domaine (services des domaines, du cadastre et de l'urbanisme) ; Direction National des Ressources Foncières Rurales, Direction Nationale du Patrimoine Bâti et non Bâti, Direction Nationale des impôts… ;
- de clarifier et délimiter les différents régimes fonciers : domaine public naturel de l'État, le domaine public artificiel de l'État, le domaine privé de l'État, le domaine des collectivités locales, les réserves foncières de l'État ou des collectivités locales, les terres des communautés

villageoises, le domaine des personnes physiques ou morales ;

- de consolidation des conventions foncières adoptées par les acteurs dans le cadre de projet de développement local et des organisations paysannes.

Le défi de la mobilisation des acteurs de la société civile est déjà relevé car le secrétariat de la plateforme de dialogue multi-acteurs est assuré par Acord Guinée qui est en train de mobiliser en partenariat avec la FAO les acteurs un deuxième atelier national multi-acteurs en vue d'actualiser la feuille de route de la réforme foncière rurale et agricole.§.4. La tenure foncière du Burkina Faso : un cadre juridique articulé autour de l'objectif de sécurisation.

Le développement rural est considéré par les autorités du Burkina Faso comme la base principale du développement durable. Les activités agro-sylvo-pastorales constituées par l'agriculture, l'élevage, la foresterie, la chasse et la pêche constituent des activités à fort potentiel économique pour les populations rurales. La pleine réalisation de toutes ces activités productives rurales nécessite la mobilisation efficace et la mise en valeur effective des terres rurales, des ressources en eau, des forêts, de la faune et des ressources halieutiques. Mais pour atteindre de tels objectifs, le pays doit impérativement trouver des solutions adéquates à certains facteurs limitants que sont : la croissance accélérée de la démographie, la dégradation continue des ressources naturelles, la forte concentration de l'essentiel de la population sur les activités agro-sylvo-pastorales et les problèmes de sécurisation foncière. En effet, les données actuelles de l'accroissement annuel de la population de l'ordre de 2,5 à 3 % placent le pays en début de phase II de la transition démographique (MEF, 2008). Cette évolution serait catastrophique et bloquerait toute perspective de développement. Or, l'accroissement accéléré de la population est confirmé par les projections faites sur les prochaines décennies et constitue un défi majeur à relever. Toutes ces raisons font que l'amélioration de la productivité rurale et l'augmentation de la production soient aujourd'hui considérées comme des objectifs prioritaires du développement rural et de la lutte contre la pauvreté. Elles sont également indispensables à l'insertion des opérateurs ruraux burkinabè dans le marché. De même, toutes les analyses de la problématique du développement rural convergent toutes vers un même point, à savoir que la sécurisation foncière des acteurs ruraux est une condition incontournable pour un développement durable. Pour apporter des réponses efficaces et durables au problème ci-dessus évoqué, le gouvernement du Burkina Faso a élaboré et adopté en 2007[2] une politique nationale de sécurisation foncière en milieu rural (PNSFMR). Conformément au contenu du document de cette politique, la « sécurisation foncière » est entendue de manière large. Il s'agit de « l'ensemble des processus, actions et mesures de toute nature, visant à permettre à l'utilisateur et au détenteur de terres rurales de mener efficacement leurs activités productives, en les protégeant contre toute contestation ou tout trouble de jouissance de ses droits ». Les orientations de la PNSFMR définissent les directions dans lesquelles doit être déployée l'action publique pour apporter des réponses appropriées à la sécurisation foncière de l'ensemble des acteurs ruraux. Les six orientations principales ci-après sont retenues : reconnaître et protéger les droits légitimes de l'ensemble des acteurs ruraux sur la terre et les ressources naturelles ; promouvoir et accompagner le développement d'institutions locales légitimes à la base ; clarifier le cadre

---

[2] Décret n° 2007-610/PRES/PM/MAHRH du 04 octobre 2007 portant adoption de la politique nationale de sécurisation foncière en milieu rural.

institutionnel de gestion des conflits au niveau local et améliorer l'efficacité des instances locales de résolution des conflits ; améliorer la gestion de l'espace rural ; mettre en place un cadre institutionnel cohérent de gestion du foncier rural ; renforcer les capacités des services de l'État, des collectivités territoriales et de la société civile en matière foncière. La mise en œuvre, le suivi et l'évaluation de la politique nationale de sécurisation foncière en milieu rural sont assurés à travers un programme national de sécurisation foncière en milieu rural, élaboré par le gouvernement, assurant la concertation de l'ensemble des ministères et institutions publiques concernés et, avec la participation effective des autres acteurs du foncier rural, notamment les collectivités territoriales, les autorités coutumières et traditionnelles, le secteur privé et la société civile.

Adoptée en juin 2009, cette loi détermine le régime domanial et foncier applicable aux terres rurales ainsi que les principes de sécurisation foncière de l'ensemble des acteurs du foncier rural. Considérée comme l'un des produits dérivés de la politique nationale de sécurisation en milieu rural, cette nouvelle loi vise six principaux objectifs ci-après :-assurer un accès équitable aux terres rurales pour l'ensemble des acteurs ; -promouvoir les investissements et accroître la productivité dans le secteur agro-sylvo-pastoral et favoriser la réduction de la pauvreté en milieu rural ; -favoriser la gestion rationnelle et durable des ressources naturelles ; -contribuer à la préservation et à la consolidation de la paix sociale.

La loi 034-2012/AN portant réorganisation agraire et foncière (RAF) au Burkina Faso a été adoptée le 02 juillet 2012 par l'Assemblée nationale et promulguée par décret n° 2012716/PRES du 06 septembre 2012. Elle préserve les domaines clés traités par la loi n° 014/96/ADP du 23 mai 1996 portant RAF, à savoir l'aménagement du territoire, la gestion des terres du domaine foncier national et la réglementation des droits réels immobiliers. Elle préserve également la cohérence avec la loi n° 034-2009/AN du 16 juin 2009 portant régime foncier rural et avec les différentes lois sectorielles, comble les insuffisances de la loi portant RAF non prises en charge par les autres textes.

La loi n°034-2012/AN du 02 juillet 2012 portant réorganisation agraire et foncière détermine, d'une part, le statut des terres du domaine foncier national, les principes généraux qui régissent l'aménagement et le développement durable du territoire, la gestion des ressources foncières et des autres ressources naturelles ainsi que la réglementation des droits réels immobiliers et, d'autre part, les orientations d'une politique agraire. Elle consacre un domaine foncier national au Burkina Faso qui constitue un patrimoine commun de la nation. L'État, en tant que garant de l'intérêt général, organise la gestion du patrimoine de manière durable. Le domaine foncier national est composé du domaine foncier de l'État, du domaine foncier des collectivités territoriales et de celui des particuliers.

L'ensemble du domaine foncier national est organisé en terres urbaines et en terres rurales. Les terres urbaines sont celles situées dans les limites administratives ou celles du schéma directeur d'aménagement et d'urbanisme des villes et localités et destinées principalement à l'habitation, au commerce, à l'industrie, à l'artisanat, aux services publics et d'une manière générale aux activités liées à la vie urbaine et aux activités de promotion d'un environnement écologique durable. Les terres rurales constituent l'ensemble des terres destinées aux activités agricoles, pastorales, sylvicoles, fauniques, piscicoles et de conservation, situées dans les limites administratives des communes rurales et des villages rattachés aux communes urbaines.

Prévu pour durer 8 mois, le processus d'élaboration s'est étalé de décembre 2004 à octobre 2007, soit près de trois ans.

Il a été conduit sous la responsabilité politique de la CNSFMR et a été marqué par des coups d'arrêt et des accélérations, du fait des à-coups de la pression politique et des contraintes de financement, qui ont été négociés au cas par cas dans une relation complexe avec la coopération française et un projet de gestion de terroirs financé par la Banque Mondiale.

Le niveau d'organisation préalable au sein du groupe social influe très largement sur le niveau de légitimité et de sélection des participants. À l'exception de la chefferie politique qui dispose d'une auto-organisation bien établie, pour les autres groupes sociaux, les organisations ont été invitées par l'équipe des consultants ou l'Administration, et dans certains cas les individus eux-mêmes. Grâce à une prise de conscience des producteurs, à travers leurs organisations (FEPA B et CPF), les producteurs ont pu mobiliser les différentes composantes des producteurs agricoles, permettant d'atteindre une représentativité appréciable. Ceci indique que la participation marche lorsqu'elle se fait à travers les organisations faîtières, qui se doivent d'impliquer une large palette des organisations affiliées.

Les OP (organisations paysannes) ont bénéficié d'un travail préalable spécifique de formation et d'information une fois que l'avant-projet de document de politique était disponible. Cela a consisté à leur faire comprendre le contenu des documents en préparation, à discuter des enjeux et des questions de controverse en liaison avec leurs préoccupations, à les aider à construire une position partagée. L'appropriation préalable des documents en débats est une condition nécessaire pour une participation réussie. Cela consistait à faire comprendre aux OP le contenu et les implications des documents, à les aider à en faire une critique et formuler des propositions en ligne avec les exigences de consolidation des exploitations familiales agricoles. Plus que la forme d'existence du document, les acteurs ruraux sont en mesure de se prononcer sur certaines questions essentielles de diagnostic, d'options, de mesures d'accompagnement si les questions sont formulées de manière suffisamment explicite. L'identification de pistes en réflexion peut aussi leur permettre de rentrer plus facilement dans le débat, d'exprimer sereinement leur vision et la stratégie telle qu'ils la tirent de leur expérience. Le délai d'acheminement et d'examen des documents de travail (lors des ateliers préparatoires tout comme lors du forum) joue sur la qualité des contributions. Lorsque le temps d'exploitation de documents est limité, lorsque leur accessibilité au plan technique est difficile, lorsque l'on ne dispose pas de l'ensemble des informations (comptes rendus) pour se faire une opinion, il n'est pas aisé de faire des contributions pertinentes au débat. C'est la situation dans laquelle se sont trouvés de nombreux participants, notamment les OP. Ces délais ont notamment fortement limité les contributions des OP à la formulation de la loi 034, pour laquelle la dimension participative a été faible.

L'expérience montre également que dans un processus de concertation de ce type, une des clés du succès repose sur l'animation globale du processus par une équipe mandatée, ne relevant pas d'une instance gouvernementale, et ayant la confiance de l'ensemble des acteurs. La majeure partie des organisations de la société civile concernées par le foncier rural ont été impliquées dans le processus : soit au niveau des rencontres nationales, soit au niveau régional. Il en est ainsi des associations de femmes, des associations de jeunes, de l'association regroupant les chefs coutumiers, des principales ONG impliquées dans l'appui au développement rural, des organisations de producteurs, etc. En dépit des facteurs limitants, les organisations de producteurs ont apporté des contributions ayant enrichi le document de Politique, dans le sens d'une meilleure prise en compte des préoccupations des exploitations familiales. Cet appui aux organisations paysannes, mis en œuvre par le GRAF (Groupe de Recherche et d'Action sur le Foncier) sur demande de la FEPAB (Fédération des Producteurs Agricoles du Burkina), a contribué à un débat plus équilibré, et à une meilleure appropriation par les OP des enjeux de la réforme.

§ 4. La tenure foncière du Burkina Faso : un cadre juridique articulé autour de l'objectif de sécurisation

Le développement rural est considéré par les autorités du Burkina Faso comme la base principale du développement durable. Les activités agro-sylvo-pastorales constituées par l'agriculture, l'élevage, la foresterie, la chasse et la pêche constituent des activités à fort potentiel économique pour les populations rurales. La pleine réalisation de toutes ces activités productives rurales nécessite la mobilisation efficace et la mise en valeur effective des terres rurales, des ressources en eau, des forêts, de la faune et des ressources halieutiques. Mais pour atteindre de tels objectifs, le pays doit impérativement trouver des solutions adéquates à certains facteurs limitant que sont : la croissance accélérée de la démographie, la dégradation continue des ressources naturelles, la forte concentration de l'essentiel de la population sur les activités agro-sylvo-pastorales et les problèmes de sécurisation foncière. En effet, les données actuelles de l'accroissement annuel de la population de l'ordre de 2,5 à 3 % place le pays en début de phase II de la transition démographique (MEF, 2008). Cette évolution serait catastrophique et bloquerait toute perspective de développement. Or, l'accroissement accéléré de la population est confirmé par les projections faites sur les prochaines décennies et constitue un défi majeur à relever. Toutes ces raisons font que l'amélioration de la productivité rurale et l'augmentation de la production soient aujourd'hui considérées comme des objectifs prioritaires du développement rural et de la lutte contre la pauvreté. Elles sont également indispensables à l'insertion des opérateurs ruraux burkinabé dans le marché. De même, toutes les analyses de la problématique du développement rural convergent toutes vers un même point, à savoir que la sécurisation foncière des acteurs ruraux est une condition incontournable pour un développement durable. Pour apporter des réponses efficaces et durables au problème ci-dessus évoqués, le gouvernement du Burkina Faso a élaboré et adopté en 2007[3] une politique nationale de sécurisation foncière en milieu rural (PNSFMR). Conformément au contenu du document de cette politique, la « sécurisation foncière » est entendue de manière large. Il s'agit de « l'ensemble des processus, actions et mesures de toute nature, visant à permettre à l'utilisateur et au détenteur de terres rurales de mener efficacement leurs activités productives, en les protégeant contre toute contestation ou tout trouble de jouissance de ses droits ». Les orientations de la PNSFMR définissent les directions dans lesquelles doit être déployée l'action publique pour apporter des réponses appropriées à la sécurisation foncière de l'ensemble des acteurs ruraux. Les six orientations principales ci-après sont retenues : Reconnaître et protéger les droits légitimes de l'ensemble des acteurs ruraux sur la terre et les ressources naturelles ; promouvoir et accompagner le développement d'institutions locales légitimes à la base ; Clarifier le cadre institutionnel de gestion des conflits au niveau local et améliorer l'efficacité des instances locales de résolution des conflits ; Améliorer la gestion de l'espace rural ;Mettre en place un cadre

[3] Décret n° 2007-610/PRES/PM/MAHRH du 04 octobre 2007 portant adoption de la politique nationale de sécurisation foncière en milieu rural.

institutionnel cohérent de gestion du foncier rural; Renforcer les capacités des services de l'État, des collectivités territoriales et de la société civile en matière foncière. La mise en œuvre, le suivi et l'évaluation de la politique nationale de sécurisation foncière en milieu rural sont assurés à travers un programme national de sécurisation foncière en milieu rural, élaboré par le gouvernement, assurant la concertation de l'ensemble des ministères et institutions publiques concernés et, avec la participation effective des autres acteurs du foncier rural, notamment les collectivités territoriales, les autorités coutumières et traditionnelles, le secteur privé et la société civile.

Adoptée en juin 2009, cette loi détermine le régime domanial et foncier applicable aux terres rurales ainsi que les principes de sécurisation foncière de l'ensemble des acteurs du foncier rural. Considérée comme l'un des produits dérivés de la politique nationale de sécurisation en milieu rural, cette nouvelle loi vise six principaux objectifs ci-après :-assurer un accès équitable aux terres rurales pour l'ensemble des acteurs ; -promouvoir les investissements et accroître la productivité dans le secteur agro-sylvo-pastoral et favoriser la réduction de la pauvreté en milieu rural ; -favoriser la gestion rationnelle et durable des ressources naturelles ;-contribuer à la préservation et à la consolidation de la paix sociale.

La loi 034-2012/AN portant réorganisation agraire et foncière (RAF) au Burkina Faso a été adoptée le 02 Juillet 2012 par l'Assemblée Nationale et promulguée par décret n°2012716/PRES du 06 septembre 2012. Elle préserve les domaines clés traités par la loi n°014/96/ADP du 23 mai 1996 portant RAF à savoir l'aménagement du territoire, la gestion des terres du domaine foncier national et la règlementation des droits réels immobiliers. Elle préserve également la cohérence avec la loi n° 034-2009/AN du 16 juin 2009 portant régime foncier rural et avec les différentes lois sectorielles, comble les insuffisances de la loi portant RAF non prises en charge par les autres textes.

La loi n°034-2012/AN du 02 juillet 2012 portant réorganisation agraire et foncière détermine d'une part, le statut des terres du domaine foncier national, les principes généraux qui régissent l'aménagement et le développement durable du territoire, la gestion des ressources foncières et des autres ressources naturelles ainsi que la réglementation des droits réels immobiliers et d'autre part, les orientations d'une politique agraire. Elle consacre un domaine foncier national au Burkina Faso qui constitue un patrimoine commun de la nation. L'État en tant que garant de l'intérêt général, organise la gestion du patrimoine de manière durable. Le domaine foncier national est composé du domaine foncier de l'État, du domaine foncier des collectivités territoriales et celui des particuliers.

L'ensemble du domaine foncier national est organisé en terres urbaines et en terres rurales. Les terres urbaines sont celles situées dans les limites administratives ou celles du schéma directeur d'aménagement et d'urbanisme des villes et localités et destinées principalement à l'habitation, au commerce, à l'industrie, à l'artisanat, aux services publics et d'une manière générale aux activités liées à la vie urbaine et aux activités de promotion d'un environnement écologique durable. Les terres rurales constituent l'ensemble des terres destinées aux activités agricoles, pastorales, sylvicoles, fauniques, piscicoles et de conservation, situées dans les limites administratives des communes rurales et des villages rattachés aux communes urbaines.

Prévu pour durer 8 mois, le processus d'élaboration s'est étalé de décembre 2004 à octobre 2007, soit près de trois ans. Il a été conduit sous la responsabilité politique de la

CNSFMR et a été marqué par des coups d'arrêts et des accélérations, du fait des à-coups de la pression politique et des contraintes de financement, qui ont été négociés au cas par cas dans une relation complexe avec la coopération française et un projet de gestion de terroirs financé par la Banque Mondiale.

Le niveau d'organisation préalable au sein du groupe social influe très largement sur le niveau de légitimité et de sélection des participants. A l'exception de la chefferie politique qui dispose d'une auto organisation bien établie, pour les autres groupes sociaux, les organisations ont été invitées par l'équipe des consultants ou l'Administration, et dans certains cas les individus eux-mêmes. Grâce à une prise de conscience des producteurs, à travers leurs organisations (FEPA B et CPF), les producteurs ont pu mobiliser les différentes composantes des producteurs agricoles, permettant d'atteindre une représentativité appréciable. Ceci indique que la participation marche lorsqu'elle se fait à travers les organisations faîtières, qui se doivent d'impliquer une large palette des organisations affiliées.

Les OP (organisations paysannes) ont bénéficié d'un travail préalable spécifique de formation et d'information une fois que l'avant-projet de document de politique était disponible. Cela a consisté à leur faire comprendre le contenu des documents en préparation, à discuter des enjeux et des questions de controverse en liaison avec leurs préoccupations, à les aider à construire une position partagée. L'appropriation préalable des documents en débats est une condition nécessaire pour une participation réussie. Cela consistait à faire comprendre aux OP, le contenu et les implications des documents, à les aider à en faire une critique et formuler des propositions en ligne avec les exigences de consolidation des exploitations familiales agricoles. Plus que la forme d'existence du document, les acteurs ruraux sont en mesure de se prononcer sur certaines questions essentielles de diagnostic, d'options, de mesures d'accompagnement si les questions sont formulées de manière suffisamment explicites. L'identification de pistes en réflexion peut aussi leur permettre de rentrer plus facilement dans le débat, d'exprimer sereinement leur vision et la stratégie telle qu'ils la tirent de leur expérience. Le délai d'acheminement et d'examen des documents de travail (lors des ateliers préparatoires tout comme lors du forum) joue sur la qualité des contributions. Lorsque le temps d'exploitation de documents est limité, lorsque leur accessibilité au plan technique est difficile, lorsque l'on ne dispose pas de l'ensemble des informations (comptes rendus) pour se faire une opinion, il n'est pas aisé de faire des contributions pertinentes au débat. C'est la situation dans laquelle se sont trouvés de nombreux participants, notamment les OP. Ces délais ont notamment fortement limité les contributions des OP à la formulation de la loi 034, pour laquelle la dimension participative a été faible.

L'expérience montre également, que dans un processus de concertation de ce type, une des clés du succès repose sur l'animation globale du processus par une équipe mandatée, ne relevant pas d'une instance gouvernementale, et ayant la confiance de l'ensemble des acteurs. La majeure partie des organisations de la société civile concernées par le foncier rural ont été impliquées dans le processus : soit au niveau des rencontres nationales, soit au niveau régional. Il en est ainsi des associations de femmes, des associations de jeunes, de l'association regroupant les chefs coutumiers, des principales ONG impliquées dans l'appui au développement rural, des organisations de producteurs, etc. En dépit des facteurs limitants, les organisations de producteurs ont apporté des contributions ayant enrichi le document de Politique, dans le sens d'une meilleure prise en compte des préoccupations des exploitations familiales.

Cet appui aux organisations paysannes, mis en œuvre par le GRAF (Groupe de Recherche et d'Action sur le Foncier) sur demande de la FEPAB (Fédération des Producteurs Agricoles du Burkina), a contribué à un débat plus équilibré, et à une meilleure appropriation par les OP des enjeux de la réforme.

§ 5. La tenure du foncier du Niger : un cadre juridique général soutenu par des réformes sectorielles

Avec les indépendances, la nouvelle administration en place a affirmé sa prééminence sur la gouvernance foncière en expropriant les droits fonciers coutumiers[4], mais surtout par la création d'une zone pastorale, exclusivement consacrée à l'élevage, en érigeant la limite nord des cultures[5]. Cette zone connaît aujourd'hui d'importantes agressions, liées à la montée du front agricole plus au Nord, à la chute des isohyètes plus au Sud, à l'accaparement par des privés d'importantes superficies dans la zone pastorale et à la création des champs de culture par les éleveurs nomades eux-mêmes.

Aussi, après les indépendances, l'État a aussi mis en place une politique de développement rural volontariste et techniciste avec un accent marqué sur l'exploitation des ressources au détriment d'une gestion foncière efficiente. L'évaluation de cette politique a amené les autorités à s'interroger sur son efficacité et à initier des réflexions pour

[4] Il s'agit de la *Loi n° 60-029 portant interdiction de la dîme et de l'Achoura ; de la Loi n° 61-30 du 19 juillet 1961, portant confirmation et expropriation des droits fonciers coutumiers dans la République du Niger*

[5] Loi n° 61-05 du 27 mai 1961 fixant une limite nord des cultures

une meilleure prise en compte du foncier dans les politiques nationales de développement.

Ces réflexions ont abouti à l'élaboration d'un document de référence sur les politiques de secteur rural dénommé « Principes Directeurs d'une Politique de Développement Rural pour le Niger », document adopté par ordonnance n° 92-030 le 8 juillet 1992. Ce document, « fruit d'une large concertation participative et inclusive de différents acteurs du secteur rural », prônait, en plus d'une gestion rationnelle des ressources naturelles, une politique foncière incitative. C'est ainsi que l'Ordonnance N° 93-15 du 2 mars 1993, portant Principes d'Orientation du Code rural, actuellement principal instrument de la gouvernance foncière au Niger, a été adoptée. Cette ordonnance, dont « l'objectif est d'accorder la sécurité foncière aux producteurs ruraux afin de libérer le potentiel productif dans les différents secteurs de l'économie rurale, reconnaissait également l'égalité de la propriété foncière civiliste et coutumière ».

Les principes d'orientation du Code rural ont été mis en œuvre pendant plus de deux décennies. Le diagnostic[6] de cette mise en œuvre « a permis de conclure à la disponibilité d'une armature juridique en matière de gestion foncière et de gestion des ressources naturelles avec plusieurs textes législatifs et réglementaires adoptés. Par contre, ces textes comportent des lacunes et des insuffisances, qui les rendent difficiles d'application, voire inapplicables certaines dispositions juridiques édictées. Des problèmes de cohérence entre les POCR et les autres textes sectoriels ont été relevés, principalement ceux se rapportant à l'environnement, l'eau, l'élevage et le pastoralisme, la décentralisation ».

---

[6] Étude de bilan de la mise en œuvre de la politique foncière rurale au Niger, Octobre 2013

De façon plus spécifique, les points forts[7] suivants ont été relevés :

- La mise en œuvre des principes d'orientation du Code rural a favorisé l'adoption de nouveaux textes dans plusieurs secteurs (eau, forêts, environnement, chasse, pêche, élevage, aménagement du territoire, justice…) ;
- Le processus d'élaboration de la plupart de ces textes a été itératif et participatif ;
- Les acteurs ruraux reconnaissent l'effort de vulgarisation des textes qu'entreprennent les structures étatiques et souhaitent que cela continue de façon plus renforcée ;
- L'existence d'une armature juridique étoffée et disponible en matière de gestion du foncier rural et de gestion des ressources naturelles.

La reconnaissance des droits coutumiers s'est traduite aussi par les pouvoirs délégués à la chefferie traditionnelle en matière de gouvernance foncière. En effet, la loi a conféré des rôles et non des moindres, à la chefferie traditionnelle en lui reconnaissant : (i) le pouvoir de conciliation des parties en matière coutumière, civile, et commerciale en ce qui concerne les transactions foncières, et (ii) d'être consultée pour toute mesure[8] ou opération concernant les populations, dont ils ont la charge, y compris la gouvernance foncière.

---

[7] États Généraux sur la Gestion foncière : Rapport état des lieux (Octobre 2017)

[8] Article 20 de la loi n°2015-01du 13 janvier 2015 portant statut de la chefferie traditionnelle en République du Niger qui stipule : « Le concours du chef traditionnel est requis en ce qui concerne toute mesure ou opération intéressant les populations dont il a la charge, notamment : la protection de l'espace rural ; la sécurité des activités rurales ; le respect des règles et méthodes de culture et de lutte contre la désertification ; la libre circulation des personnes et des biens, notamment la détermination des règles

Le Code Rural se définit comme un processus ouvert et participatif. La longue phase de débats sur la nécessité d'une politique foncière et agricole dans le pays, entre le début des années 1980 et l'adoption de l'ordonnance du 2 mars 1993 portant les principes d'orientation du Code Rural, a permis de faire émerger un produit relativement consensuel, plus facilement applicable que les textes bureaucratiques imposés par le haut. Les débats ont été à la fois horizontaux et verticaux. Horizontaux dans le sens où tous les utilisateurs du foncier et des ressources naturelles (agriculteurs, éleveurs, pêcheurs, etc.), y compris les utilisateurs les plus marginalisés (femmes, jeunes, nomades, etc.), ont été consultés sur leurs besoins et leurs attentes. Verticaux dans la mesure où les points de vue de ces utilisateurs ont été discutés à tous les niveaux, du village au département, puis agrégés à l'échelon régional, puis national. Aujourd'hui, le travail d'amélioration et d'approfondissement du Code Rural constitue, peut-être même plus qu'à l'époque de sa mise en place, une demande sociale très forte. La société civile nigérienne, mieux organisée, s'implique d'ailleurs de plus en plus dans ce travail d'approfondissement du Code Rural et d'élaboration de nouveaux textes sectoriels.

L'une des principales limites que rencontre le Code Rural aujourd'hui est qu'il reste encore largement méconnu dans les campagnes nigériennes. En 2010, seules 3000 commissions foncières de base ont été mises en place, sur un total de 15 000 villages, soit un taux de couverture de seulement 20 %. Il n'est donc pas étonnant que les principes du Code Rural soient très peu diffusés à la base auprès des utilisateurs du foncier et des ressources naturelles.

---

applicables à la transhumance, aux parcours, au pacage et au transit des animaux et à la réglementation des couloirs de passages »

La législation foncière en vigueur prend largement en compte les droits coutumiers, ce qui, dans beaucoup de cas, a été aussi source de difficultés dans la gouvernance foncière au Niger. Toutefois, d'importants points faibles[9] ont été également notés, notamment :

- Le déficit d'application des textes lié principalement au laxisme, voire la complicité des autorités administratives, locales, judiciaires et coutumières ;
- Les insuffisances et les contradictions[10] entre les autres textes régissant le secteur rural ;
- L'inadéquation actuelle avec les subdivisions administratives et territoriales consacrées par les textes sur la déconcentration et la décentralisation ;
- Une couverture territoriale encore incomplète des structures de gestion foncière locales, notamment les Commissions foncières communales (COFOCOM) et les Commissions foncières de base (COFOB) et une faible performance des structures régionales et départementales de gestion foncière liées à la fois à l'insuffisance des moyens et au manque de coordination entre les acteurs formellement responsables
- Un déficit d'articulation[11] structurel entre les différents acteurs de la gestion du foncier rural, particulièrement préoccupant entre les outils d'aménagement, de planification et de développement, spécifiquement entre

---

[9] États Généraux sur la Gestion foncière : Rapport état des lieux (Octobre 2017)

[10] Il s'agit en particulier des textes relatifs aux secteurs de l'environnement, de l'eau, du pastoralisme et de ceux relatifs à la décentralisation /déconcentration.

[11] Rapport général des États Généraux de la Gestion Foncière (Février 2018).

les Schémas d'Aménagement Foncier (SAF), les Schémas Régionaux d'Aménagement du Territoire (SRAT), les Plans de Développement Régionaux (PDR) et le Plan de Développement Économique et Social (PDES) ;

- Des conflits de compétence et des chevauchements fréquents dans les interventions des différentes structures de l'État.

Partant de ce diagnostic, l'État a organisé en février 2018 les États généraux sur le foncier rural, en vue de se doter d'une politique foncière. Ces États Généraux sur la Gestion Foncière ont été l'occasion pour tous les acteurs (État, Société Civile, Producteurs, Services Techniques, Chefs traditionnels, Partenaires Techniques et Financiers, etc.) d'échanger et de tirer les leçons sur les pratiques de gouvernance foncière en vue d'initier l'élaboration d'une politique foncière répondant aux besoins et préoccupations des usagers.

L'objectif[12] de cette politique est de « faire du foncier rural un puissant levier de développement économique et social du pays grâce à une gouvernance foncière responsable des terres basée sur la gestion durable des ressources naturelles et le développement durable, l'accès équitable de tous aux ressources naturelles ainsi que la sécurisation des droits fonciers dans leur diversité et en particulier ceux des opérateurs ruraux vulnérables ».

De ce fait, les conclusions ont insisté particulièrement sur :

---

[12] Rapport général des États Généraux de la Gestion foncière (Février 2018).

- ✓ Le renforcement du cadre institutionnel et l'amélioration de ses performances par l'harmonisation et l'intégration des outils et dispositifs de gestion foncière ;
- ✓ La mise en place de mécanismes décentralisés de sécurisation foncière, d'aménagement et d'équipement des espaces partagés et/ou attractifs ;
- ✓ Le développement de stratégies foncières ciblées en vue d'infléchir certaines dynamiques lourdes[13] de conséquences sur les tissus sociaux et économiques ;
- ✓ La capitalisation de la démarche et des méthodes d'élaboration, de mise en œuvre et de suivi-évaluation des outils et instruments constitutifs de la politique foncière rurale.

Une feuille de route devant guider le processus d'élaboration de cette Politique a été produite et l'exécution est prévue sur des échéances planifiées de 33 mois (Avril 2018-Décembre 2020).

§ 6. La tenure foncière du Bénin : une dynamique de réformes juridiques et institutionnelles en évolution

Au Bénin, la question de l'insécurité foncière et de l'instabilité des droits fonciers en milieu urbain, périurbain et rural tire sa source de la pression de plus en plus forte exercée par différentes catégories d'acteurs fonciers en quête d'espace pour le développement de leurs activités économiques, sociales et culturelles. En conséquence, l'exercice des droits, qu'ils soient d'administration, de

---

[13] Par exemple, les États Généraux ont insisté sur la nécessité de maintenir la limite Nord des cultures et de sécuriser l'agriculture familiale, de prendre des mesures adéquates contre l'accaparement des terres, etc.

propriété ou opérationnels reste incertain et ne stimule donc pas chez les acteurs fonciers, l'engouement de faire des investissements productifs. À cette situation s'ajoute la quasi-emprise qu'exercent des collectivités familiales sur les terres agricoles considérées à tort ou à raison comme des biens hérités de leurs ancêtres et donc, leur appartenant en propre. Souvent, cette prééminence de droits coutumiers ancestraux constitue un frein à la mise en œuvre des politiques de développement agricole. Si, de toute évidence, les droits coutumiers constituent une variante de la problématique foncière rurale non négligeable, il reste que le manque d'encadrement et de meilleures régulations annihilent les efforts accomplis par les pouvoirs publics dans la relance du secteur agricole.

La recherche par l'État de mécanismes institutionnel et juridique devant permettre une meilleure régulation et bonne gouvernance foncières a entraîné des réformes successives dans le secteur du foncier[14] ayant abouti à l'adoption d'un document de politique foncière et la refonte des textes législatifs et réglementaires en un corpus juridique unique

---

[14] Les dernières en date sont déclinées en deux volets :

- les politiques et les déclarations de politique : elles sont consacrées par deux documents, la « Déclaration de Politique Foncière et Domaniale » et le « Livre Blanc de Politique Foncière et Domaniale » pour lesquels l'objectif du gouvernement pour le secteur foncier est « d'assurer un accès équitable et sécurisé au foncier et à la propriété foncière, une sécurisation des investissements, une gestion efficace des conflits fonciers, une meilleure gestion du patrimoine foncier (domaine public et privé immobilier) de l'État et des Collectivités territoriales pour contribuer à la réduction de la pauvreté, à la consolidation de la paix sociale et à la réalisation d'un développement intégré et durable ».
- les textes législatifs et réglementaires : ils sont incarnés par la loi n° 2017-15 modifiant et complétant la loi n° 2013-01 du 14 août 2013 portant Code Foncier et Domanial en République du Bénin et les différents décrets d'application.

dénommé code foncier et domanial. Dès lors, le Bénin a fait le choix d'une uniformisation des régimes fonciers (coutumiers et moderne) pour une plus grande cohérence dans la gestion foncière et domaniale.

Les principaux textes adoptés déterminent les règles et les principes fondamentaux applicables en matière foncière et domaniale et qui régissent l'organisation et le fonctionnement du régime foncier et domanial en République du Bénin. Aussi, a-t-il été fait l'option de la confirmation des droits fonciers en milieux urbain, périurbain et rural, selon une procédure contradictoire débouchant sur la délivrance de Titre Foncier qui confère la pleine propriété en République du Bénin. Il en résulte que le Bénin a fait des pas significatifs.

Il fallait essentiellement mettre fin au dualisme juridique qui caractérisait ce domaine en organisant la gestion foncière dans un texte unique, en finir avec la multiplicité des acteurs administratifs (les guichets) du foncier en assainissant le paysage institutionnel, faire participer les bénéficiaires pour plus de transparence, réorganiser la prévention et la gestion des conflits fonciers au niveau local (villages et communes). Concrètement, les problèmes se posaient en termes de :

❖ Reconnaître les droits traditionnels exercés sur les terres de tenure coutumière,

❖ Sécuriser les droits exercés sur la terre pour attirer des investissements dans l'agriculture à travers la promotion et la simplification de la confirmation des droits détenus sur les terres,

❖ Prévenir par-là, les litiges fonciers et organiser la gestion participative au niveau local, des conflits relatifs à la terre.

Pour la résolution de ces problèmes, d'une manière globale, une approche fondée sur une stratégie nationale de développement a permis de définir une vision claire.[15]

La vision globale est : « le Bénin à l'horizon 2050 est caractérisé par un égal droit au foncier sécurisé, un système fonctionnel et un marché dynamique générateur d'investissements accrus et de richesse. ». Quatre orientations avaient été définies :

- la sécurisation de l'accès au foncier,
- la mise en place d'un cadre institutionnel de gestion foncière et domaniale efficace,
- le développement d'un système national performant de gestion de l'information foncière, et
- une facilitation de l'accès au foncier à tous et une bonne régulation foncière.

Cette vision, mise en œuvre à travers une législation et des projets opérationnels, soumise à une évaluation sommaire, permet de révéler à l'étape actuelle que **: la réforme foncière au Bénin a fait émerger un nouveau régime juridique relativement adapté aux défis de la sécurisation foncière des acteurs.**

Ceci en raison de la reconnaissance formelle des droits coutumiers à partir d'une articulation entre les pratiques traditionnelles et les règles de droit modernes (accompagnée des outils opérationnels de mise en œuvre) puis l'effectivité d'un principe de participation des citoyens à la gestion foncière.

Il paraît nécessaire de rappeler que la réforme foncière au Bénin a connu deux périodes successives : la première, de

---

[15] À travers la Lettre de cadrage de la réforme foncière (novembre 2008) et le Livre blanc de la politique foncière (2009), les grandes options avaient été opérées.

1993 à 2007, a porté sur le foncier rural avec la mise en place de la loi 2007-03 du 16 octobre 2007 portant régime foncier rural : la seconde, plus globale, de 2007 à 2013, ayant abouti à la mise en place d'instruments de politique foncière et domaniale d'une part, et d'un Code foncier et domanial d'autre part.

Courant février 2017, il est introduit à l'Assemblée nationale une « proposition de loi » modifiant et complétant la loi 2013-01 du 14 août 2013 portant code foncier et domanial en République du Bénin. Il est, en effet, affirmé dans l'exposé des motifs de cette proposition de loi que le code a une petite expérience de trois ans qui a déjà mis en lumière certaines de ses insuffisances importantes qui retardent, voire freinent le développement de l'activité économique, en lien avec la propriété immobilière.

❖ **Les innovations ou changements au niveau des règles de fond portent sur :**

- le régime de l'immatriculation incarné par la loi n° 65-25 désormais remplacé par celui de la confirmation de droits fonciers ;
- le titre foncier est le seul titre de propriété au Bénin ;
- la simplification des formalités constitutives de droits réels immobiliers ;
- la procédure de confirmation des droits fonciers doit être achevée et déboucher sur la délivrance du Titre foncier dans un délai de 120 jours à compter de l'instruction du dossier.

❖ **Les innovations ou changements concernant les institutions en charge de la gestion du foncier :**

- La création de l'Agence Nationale du Domaine et du Foncier (ANDF) comme guichet foncier unique au Bénin ayant pour mission de sécuriser le foncier et de coordonner la gestion foncière et domaniale sur le plan national. Elle est en outre chargée de la mise en œuvre des politiques, stratégies et programmes de l'État en matière foncière et domaniale ;

- ♦ Le conservateur de la propriété foncière est remplacé par des régisseurs de la propriété foncière (le régisseur principal et les régisseurs communaux) qui sont des officiers publics chargés de la confirmation des droits fonciers et des hypothèques ;

- ♦ La création des Bureaux Communaux du Domaine et du Foncier (BCDF) qui sont des services déconcentrés de l'ANDF et qui rendent compte de leurs activités à celle-ci ;

- ♦ La création du Conseil Consultatif Foncier qui a pour tâche de servir de lieu d'échange et de concertation sur les actions à privilégier pour l'application du code avec succès ;

- ♦ L'institution d'un Fonds de Dédommagement Foncier (Art.538 et 539).

À l'analyse des dispositions du cadre juridique de gestion foncière, on s'aperçoit aisément que certaines innovations ont pour but de sécuriser les acteurs ruraux. Pour lutter contre le phénomène d'accaparement des terres rurales, le législateur béninois a encadré la transaction. Ainsi, la vente de terres rurales ou le transfert à titre définitif de droits sur les terres rurales doit être fait dans les conditions suivantes :

- elle doit être constatée par un acte de transfert ;
- cet acte de transfert doit être enregistré au Bureau local de l'organe en charge de la confirmation des droits fonciers et s'il y a lieu, faire l'objet de morcellement du Certificat de propriété foncière à peine de nullité ;

- le transfert doit faire l'objet d'un contrat écrit conclu devant la section villageoise de gestion foncière. Ce contrat doit s'appuyer sur le Certificat foncier rural correspondant à la parcelle concernée ;
- Il faut l'approbation préalable d'un projet de mise en valeur de la terre par le conseil communal ou municipal lorsque la superficie atteint (02) hectares.

La société civile béninoise et les organisations paysannes ont joué pleinement leur partition dans la conception et la mise en œuvre de la réforme foncière au Bénin, mais les défis pour une gouvernance foncière efficace sont énormes dans ce pays et les expériences et résultats confirment la place de la société civile dans le renforcement des structures locales et dans la vulgarisation et l'application des outils de gestion foncière.

§ 7. La tenure du foncier en Côte d'Ivoire : une matrice formalisée autour de la loi de 98 en adoption permanente

Le foncier représente pour la Côte d'Ivoire un des enjeux majeurs pour la paix sociale, la stabilité et le développement économique, après la grave crise militaro-politique qu'a connue le pays de 2002 à 2010. Il est fortement politisé et structuré autour de la dynamique des relations entre autochtones et immigrants agricoles. Dans les campagnes rurales, les rapports entre les différentes communautés restent crispés par la remise en cause des transferts fonciers passés, ce qui occasionne généralement des litiges récurrents au sein des groupes des familles et entre les communautés autochtones et les immigrants. La loi foncière adoptée en 1998 consacre l'exclusion des non-Ivoiriens à la propriété foncière, or la très grande majorité des exploitants agricoles dans les zones forestières sont des non-Ivoiriens installés depuis plusieurs décennies dont leurs descendants aspirent à être propriétaires des terres acquises par leurs parents.

La loi n° 98-750 du 23 décembre 1998 relative au domaine foncier rural est restée largement inappliquée, plus d'une décennie après sa promulgation. Par exemple, de nombreuses localités du pays ne sont pas encore dotées en organes de gestion foncière (CVGFR, CGFR) et moins d'un millier de certificats fonciers ont été délivrés depuis l'application de cette loi ; ce qui représente environ 0,10 % des terres rurales à immatriculer. Par ailleurs, certaines de ses dispositions présentent des contradictions. Le certificat foncier est délivré aux nationaux et aux non-nationaux et la propriété exclusivement aux citoyens ivoiriens (art.1). Pourtant, en son article 4, la loi stipule que pour les terres du domaine coutumier, la preuve de la propriété est établie par le certificat foncier. Ensuite, la loi fait obligation de transformer les certificats fonciers (y compris collectifs) en titre de propriété dans un délai de 3 ans. Cette disposition rend caduque la valeur juridique des certificats établis et non transformés en titres à ce jour.

Aujourd'hui, les performances de la Côte d'Ivoire en matière de reconnaissance des droits et de protection des droits fonciers des individus et des communautés ne sont pas satisfaisantes malgré l'adoption des principaux textes juridiques régissant le foncier aussi bien en milieu rural qu'en milieu urbain. Ainsi, la loi n° 98-750 du 23 décembre 1998 relative au domaine foncier rural modifiée par la loi n° 2013-655 du 13 septembre 2013 reconnaît, à titre temporaire, un domaine foncier coutumier dont les droits doivent être formalisés et transformés en titre de propriété privé dans un délai de 10 ans. Le continuum des droits traduit l'idée selon laquelle plusieurs personnes et/ou autorités peuvent exercer divers droits imbriqués les uns aux autres sur la terre (par exemple, droit d'usage, droit de tirer une rente, droit de transfert, droit d'appropriation, droit d'aliénation, etc.).

Le dispositif juridique et institutionnel permet une formalisation des droits coutumiers et de délivrer un Certificat Foncier (individuel ou collectif) aux populations. En Côte d'Ivoire, les droits sur la terre sont par essence conférés par des familles ou des villages. En son article 6, la loi foncière rurale fait toutefois obligation aux détenteurs des droits coutumiers d'immatriculer leurs terres dans un délai maximum de 10 ans. Passé ce délai, les terres non immatriculées et sans maître feront partie du domaine privé de l'État qui peut en disposer librement et réaffecter ces terres aux investisseurs privés. Cela peut correspondre à une expropriation foncière collective des communautés rurales. Cette disposition de la loi sur le foncier rural est reprise dans la loi de juillet 2014 portant code forestier. Selon l'article 31 du nouveau code forestier, toutes les forêts situées sur les terres qui ne sont pas immatriculées et sur les terres sans maître font partie du domaine forestier privé de l'État.

La société civile et les organisations paysannes ivoiriennes ont joué un rôle important dans le processus de la réforme foncière[16].

---

[16] Il s'agit principalement des ONG nationales et internationales ayant pour centre d'intérêt le foncier rural, urbain, minier et forestier. Ce sont le INADES-Formation, ALERTE FONCIER, le Club UA-Côte d'Ivoire, l'ONG Terre de l'Homme, l'ONG AUDACE-Afrique, l'OND SOS-Forêt, OASIS-fd, l'ONR FERN et le Conseil Norvégien pour les Réfugiés (NRC). Tous mènent des plaidoyers auprès des autorités ivoiriennes en vue d'une meilleure protection des ressources naturelles et des droits des communautés sur le sol. Ces ONG sont appuyées dans leurs plans d'actions parfois par des Partenaires au développement comme l'Union Européenne, l'USAID, la coopération allemande GIZ, l'Agence Française de Développement et la Banque Mondiale.

§ 8. La tenure foncière du Togo : un cadre juridique nouveau avec une gestion largement participative

Après des années de campagne au cours desquelles la réforme foncière a été considérée comme un rêve, un processus presque irréalisable, le code foncier a finalement été adopté en juin 2018. En réfléchissant au processus, explique le rôle de la SNE Togo dans ce succès. La SNE Togo a joué un rôle important dans ce processus avec la réalisation en 2012 d'une étude diagnostique du système foncier. Cela a abouti à l'élaboration du document de cadrage ayant servi à la formulation de la stratégie nationale d'engagement entre les acteurs impliqués dans le foncier au Togo. Suite à la formulation de la SNE, la plateforme a participé aux états généraux du foncier en janvier 2013 qui ont conduit à un avant-projet du code foncier domanial (APCF) évalué et avec la formulation des recommandations ayant servi de base au plaidoyer de la SNE en vue de la prise en compte des préoccupations des populations à la base et de son adoption rapide. Pour encourager les discussions sur l'avant-projet de loi, la société civile a organisé un premier forum sur le foncier où l'avant-projet de l'APCF a servi d'élément de débats. À l'issue de ce forum, un deuxième a été tenu où l'APCF a été présenté avec l'expérience d'autres pays comme le Maroc, le Bénin, le Sénégal.

Aujourd'hui, la réforme foncière a abouti avec la loi 2018-005 du 14 juin 2018 qui régit les principes fondamentaux applicables en matière foncière et domaniale ainsi que l'organisation et le fonctionnement du foncier. Cette loi a introduit des innovations importantes avec notamment la prise en compte des directives volontaires pour une gouvernance foncière responsable, la création d'une commission interministérielle de la réforme foncière et la mise en place de l'agence nationale du domaine et du foncier, un établissement public à caractère technique doté de la personnalité morale et de l'autonomie financière. Cette agence placée sous l'autorité du ministère chargé des Affaires foncières et domaniales est investie d'une mission de sécurisation et de coordination de la gestion foncière.

Il est institué au niveau de chaque commune une commission de gestion foncière qui assiste le maire dans la gestion des questions foncières. À l'intérieur des communes, il est prévu des sections villageoises de gestion foncière.

La preuve d'un droit foncier peut désormais se faire à travers un certificat administratif.

Enfin, avec la Stratégie nationale d'engagement, les organisations paysannes et de société ont joué un rôle important dans le pilotage de la réforme.

SECTION 2

L'ÉTAT DES LIEUX DE LA GOUVERNANCE FONCIÈRE DANS LES PAYS ANGLOPHONES DE L'AFRIQUE DE L'OUEST

§ 1. L'écart entre cadre textuel et écosystèmes pratiques de la tenure foncière du Ghana

La gouvernance du foncier au Ghana, comme dans presque tous les pays d'Afrique, est caractérisée par un pluralisme normatif entre d'un côté le droit coutumier qui diffère selon les groupes ethniques et de l'autre le droit positif défini par l'État. Pour encadrer la gouvernance du secteur foncier, le Ghana s'est doté en 1999 d'une politique foncière nationale qui identifie des piliers stratégiques dont :

- la sécurisation des frontières internationales du Ghana, en lien surtout avec l'épineuse question de la démarcation entre pays mitoyens,
- la facilitation de l'accès équitable à la terre, surtout pour les groupes vulnérables dont les femmes et les jeunes,
- la sécurisation des occupations et la protection des droits,
- la gestion et l'utilisation durable des terres,
- l'augmentation de la capacité productive des terres et la préservation de l'environnement.

La mise en œuvre de cette politique foncière est aujourd'hui confrontée à un certain nombre d'enjeux et de difficultés. Un fossé existe actuellement entre le cadre textuel et l'écosystème des pratiques sur le terrain. La loi existe, mais elle reste faiblement appliquée par des communautés qui se réfèrent à leurs pratiques. Les enjeux fonciers se cristallisent et aboutissent à un climat conflictuel en termes d'accès et de contrôle des ressources foncières. Environ 40 à 50 % des litiges portés devant les tribunaux touchent au foncier et ces litiges prennent en moyenne 3 à 5 ans pour connaître une issue. La vision politique de l'État est écartelée entre la nécessité de promouvoir les investissements à grande échelle et celle de la préservation des acquis des petits producteurs, etc. Selon les données fournies par la Land Matrix, en 2014, ce sont plus de 700 000 hectares de terre qui ont été acquis par quelque 29 firmes étrangères, alors que le pays d'une superficie de 238 535 km^2 ne compte que 57 % de terres arables avec moins de 54 % de terres effectivement mises en valeur. Ce qui peut exposer le pays à une situation d'insécurité alimentaire. Les enjeux sont d'autant plus prononcés que la réforme foncière tant attendue prend encore du temps pour aboutir alors que l'insécurité foncière est une réalité. Seuls moins de 10 % des terres sont effectivement enregistrés, exposant le reste à une tenure coutumière qui mérite d'être précisée.

Pour ce qui est des droits fonciers des femmes, le Ghana consacre des garanties fondamentales par rapport à l'égalité de genre surtout dans sa Constitution qui en ses articles 24 et 74, en lien avec la reconnaissance aux femmes de l'égalité en matière de propriété pendant ou lors de la dissolution du mariage. Sur cette base, les femmes ont en principe un accès à la propriété foncière et domaniale égal à celui des hommes dans le cadre de la famille. Toutefois, le dispositif législatif et réglementaire relatif à la gestion foncière et domaniale est fortement ancré dans le système coutumier traditionnel *(administration of land act, Act n° 123, 14 june 1962 section 5).* Il en ressort que les femmes n'y sont pas suffisamment prises en compte, car en l'espèce leurs droits s'exercent toujours sous couvert de celui des hommes, soit un père, un oncle, soit même un frère, etc. Pour renforcer les droits des femmes, le Ghana a également adopté le *Property Rights of Spouses Bill,* lequel permet, en principe, aux deux époux de suspendre toute décision concernant la propriété au consentement réciproque des deux parties. En somme, relativement à la question de la justice genre en matière foncière, le Ghana n'a pas de spécificité en cela que comme partout d'ailleurs, le fossé est apparent entre le cadre légal et les pratiques qui ont court sur le terrain.

Aujourd'hui, face à la crise du foncier, la réforme foncière devient plus qu'un besoin, surtout pour la réduction du pouvoir des chefs traditionnels qui ont un droit de marché foncier et qui continuent à assurer une gestion hasardeuse des ressources foncières dans un contexte de ruées et de compétitions pour les terres arables. Le mouvement paysan est fortement interpellé et devra jouer sa contribution alors qu'il est encore temps.

§ 2. La tenure foncière de la Gambie : un cadre juridique à triptyque systémique fondé sur le dualisme du régime

La Gambie, en tant que 6ème pays le plus petit d'Afrique, a une taille qui avoisine les 10 690 km² dont 52 % de terres arables et est confrontée à un enjeu foncier qui vient de la corrélation entre les ressources disponibles avec la démographie soutenue, une population de 1 700 000 habitants avec un taux d'augmentation de 3 % par année. Cette situation renseigne à suffisance sur la nécessité de projection sur l'indice de saturation foncière dans un futur plus ou moins proche.

Historiquement, la Gambie a connu un régime dual des droits fonciers avec, d'une part, des lois applicables au territoire colonial qui comprenait principalement Banjul et la KMA, d'une part, et le Protectorat, qui comprend les autres régions.

En somme, le système foncier gambien distingue entre 3 régimes : la pleine propriété, le bail et la tenure coutumière. Une loi a été votée en 1990 pour régir les terres domaniales. Elle a éliminé les « titres fonciers coutumiers » dans les zones côtières, surtout dans le Grand Banjul et conduit à l'introduction des baux dans le reste du pays. Les terres n'en restent pas moins soumises au régime coutumier sauf (a) lorsque le terrain est converti en bail, auquel cas les conditions du bail sont régies par la loi, ou (b) lorsque la zone dans laquelle le terrain est situé est désignée terre d'État sous l'article 5 de la loi sur les terres domaniales, auquel cas la loi sur les régions territoriales cesse de s'appliquer et la terre désignée devient la propriété de l'État pour « être administrée par l'État dans le cadre de l'utilisation et le bénéfice commun, direct ou indirect de la communauté dans laquelle le terrain est situé. « Quant à la loi de loi de 1991 sur l'acquisition de terres et le dédommagement, elle prévoit l'acquisition de terrains à des fins publiques suspendue au paiement d'une compensation pour ces terres et la prise de dispositions pour les questions connexes ».

Relativement au cadre juridique, il faut reconnaître, conformément aux résultats du Cadre d'Analyse de la Gouvernance foncière sur la Gambie, que la performance des pays en matière de reconnaissance légale des droits tant urbains que ruraux est élevée, car le pays a mis en place un cadre juridique pour la reconnaissance des droits fonciers depuis 1945. Une distinction juridique a été établie entre les populations urbaines et les populations rurales. La plupart des terres rurales relèvent du régime foncier coutumier et les droits fonciers ruraux sont donc reconnus dans la mesure où ils sont couverts par le droit coutumier. Toutefois, il faut aussi faire remarquer que les terres coutumières sont régulièrement aliénées. Ce qui évoque la problématique de la clarification du droit coutumier, y compris la manière dont il pourrait être réformé pour répondre aux besoins économiques actuels et aux réalités de la société.

À ce niveau, faudrait-il mentionner la loi de 2007 sur la Commission foncière qui prévoit la création de commissions foncières chargées de prendre en charge le problème de l'attribution des terres et de l'amélioration du cadre global juridique et institutionnel applicable au secteur foncier.

Actuellement, la Gambie souffre de l'absence d'une politique foncière, qui peut se faire à travers un plan foncier national, qui identifie les enjeux et propose des solutions notamment sur les droits fonciers des femmes, sur la tenure étatique, sur la tenure coutumière, sur la réflexion prospective en lien avec la saturation foncière, etc. Cette réflexion s'inscrit dans l'esprit de la création d'une Commission nationale sur le foncier conformément à la loi de 2007. En ce qui concerne l'administration des terres, la réflexion engagera le cadre législatif pour la cartographie, les titres, la dénomination des rues et l'enregistrement des droits. La *Survey Act* de 1991 devrait être réexaminée pour simplifier la procédure d'enregistrement des droits qui actuellement est sinueux, coûteux et offre peu d'attraits.

Sur la question du genre et foncier, la Gambie offre peu de spécificités car le droit coutumier et les pratiques sont juste discriminatoires à l'égard des femmes. Ceci s'applique à la majorité des terres en Gambie, y compris les zones urbaines situées dans les régions, car le régime foncier coutumier est la méthode répandue de propriété foncière. Sous le régime foncier coutumier, la terre est considérée comme appartenant à des clans ou à des familles. Dans ce contexte traditionnel, la propriété de la terre par les femmes est restreinte. Les femmes ont accès à l'utilisation de la terre à des fins agricoles généralement, mais généralement par l'intermédiaire de leur conjoint ou de leur parent masculin.

La Gambie devra concrétiser sa réforme foncière en se dotant de nouveaux instruments juridiques pour assainir le secteur du foncier, fortement sensible aux conflits. À ce niveau, les organisations paysannes comme la National Coordinating Organisation of Farmer Associations Gambia (NACOFAG) joue un rôle d'avant-gardiste avec une contribution de taille dans l'agenda du foncier, surtout avec le plaidoyer pour une gouvernance foncière responsable dans l'esprit des directives volontaires.

➢ **La tenure foncière de la Sierra Leone : une dualité de régime juridique hérité de *l'indirect rule***

La Sierra Leone, d'une superficie de 71 740 km² pour une population de moins de 8 000 000 d'habitants avec un taux de croît démographique de 2,6 %, a connu un système étatique construit autour du *Indirect rule* mis en œuvre par les Britanniques en 1896 et qui repose sur la reconnaissance de la chefferie traditionnelle. Cela a eu des incidences dans la manière de raisonner le foncier.

Le pays fonctionne sur la base d'une dualité du régime foncier qui remonte à l'époque coloniale par la création d'une « colonie » (maintenant zone occidentale) dans la zone côtière et le « Protectorat » (maintenant les provinces) à la suite de l'instauration d'un protectorat via la Grande-Bretagne par une Ordonnance du protectorat de 1896 qui étendit la domination britannique formelle au reste de la Sierra Leone :

- la zone occidentale (bande côtière) est régie par un système de pleine propriété basé sur un « droit général » incluant les règles de droit connues sous le nom de *common law* ;
- dans les provinces, ce sont les lois coutumières non écrites qui s'appliquent. Elles diffèrent surtout d'un groupe ethnique à un autre.

En termes de législations foncières, la Sierra Leone est bien dotée de textes qui vont de la Constitution de 1991 qui reconnaît la jouissance paisible de la propriété, la *Protectorate Land Ordinance* de 1927 qui consacre les droits tribaux sur les terres, le *Provinces Land Act* (Chapitre 122) de 1960 qui renforce les droits tribaux en subordonnant l'occupation d'une terre au consentement des autochtones à travers leurs cadres locaux en plus d'autres lois encore (voir LGAF, pages 18-23) jusqu'à *Local Government Act* de 2004 qui ouvre une ouverture vers les principes de la décentralisation en matière de gestion des ressources foncières.

Actuellement, la Sierra Leone dispose d'une Politique Foncière Nationale approuvée en novembre 2015 dans un souci de prendre en charge les enjeux liés à l'insécurité alimentaire, le changement climatique, l'insécurité foncière et l'équité de genre.

Cette nouvelle politique foncière met principalement l'accent sur :

- la promotion des réformes du droit intégrant les deux juridictions distinctes de l'actuel régime foncier ;
- le renforcement de la sécurité d'occupation et la protection des droits fonciers, quel que soit le système d'occupation* ;
- la promotion d'un accès équitable dépouillée de toute forme de discrimination ;
- la promotion et l'application d'une planification rationnelle de l'utilisation des sols et de l'aménagement du territoire ;
- la décentralisation de l'administration foncière pour plus d'efficacité, de transparence et d'efficience ;
- la réduction voire l'éradication des conflits et différends fonciers ;
- la promotion de la sécurité nationale et la protection des frontières nationales.

Cette politique est actuellement dans une phase de mise en œuvre et les résultats ne tarderont pas à apparaître, mais n'empêche que des défis continuent à exister, notamment autour des moyens d'actions à mobiliser en termes de renforcement du dispositif opérationnel pour une gouvernance foncière durable, de renforcement de capacités des acteurs en moyens humains, matériels et financiers.

Cette politique s'accompagne également du développement d'un logiciel *Solution to Open Land Administration (SOLA) Software* en vue de la digitalisation du secteur foncier.

Relativement à la problématique du genre, la réalité reste la même avec, d'un côté, une volonté politique matérialisée par un cadre juridique ouvert et de l'autre la gestion coutumière qui prend le dessus sur le cadre positif et qui fait peu de place à la femme en termes d'accès et de contrôle de la terre.

§ 3. La tenure foncière du Liberia : un cadre juridique à quatre domaines avec une spécificité institutionnelle

Le Liberia, d'une superficie de 111 570 km² pour une population qui avoisine les 5 000 000 d'habitants, a connu des troubles ethniques qui ont duré deux décennies (1989-2003). L'Accord Global de Paix a clairement reconnu que la question foncière a participé à la cristallisation de la question tribale à travers l'accès et le contrôle des ressources foncières. C'est pourquoi, au sortir de cette crise, le gouvernement a inscrit la question du foncier dans une position prioritaire dans son agenda politique. Cela s'est traduit par la mise en place d'une commission nationale chargée de réfléchir sur la gouvernance en générale sur la gouvernance du foncier en particulier. La commission foncière mise en place en août 2008 a été chargée d'engager avec l'ensemble des parties prenantes des réflexions sur le court, moyen et long terme. Les travaux ont conduit au *Land Rights Act* en 2014 et au *Act against Criminal Conveyance of Land*, la même année, lequel prend acte de l'ampleur des cessions de terres aux non-nationaux et cherche à endiguer le phénomène.

La politique foncière libérienne est actuellement en train d'être mise en œuvre par une série d'organes, plus ou moins, indépendants qui concourent à la délivrance d'un service foncier de qualité aux Libériens, notamment *The Liberia*

Land Authority (LLA) Act établi en 2016, le Land Alternative Dispute Resolution Policy en 2018, etc. La politique a fait l'objet d'une stratégie nationale de mise en œuvre approuvée en novembre 2018 et déclinée en plan d'actions de deux ans, pour 2019-2020.

Globalement, le régime foncier libérien distingue 4 domaines :

- les terres publiques - n'appartenant ni au gouvernement, ni à la communauté, ni aux personnes physiques et morales ;
- les terres domaniales - appartenant au gouvernement ;
- les terres coutumières - appartenant à une communauté et utilisées ou gérées conformément aux pratiques des communautés ;
- les terres privées – appartenant, possédées ou détenues par une personne privée ou toute autre entité légalement reconnue.

La mise en œuvre de la politique rencontre quelques défis majeurs à relever :

- la faible allocation de ressources par la Gouvernement et surtout la dépendance aux partenaires techniques et financiers pour la mise en œuvre de la politique qui a un fort impact dans le retour et la fixation de la paix sociale dans ce pays longuement ravagé par la violence ;
- la faiblesse des capacités en ressources humaines, avec la nécessité de développement d'une stratégie globale de renforcement des capacités de toutes les parties prenantes à l'échelle nationale ;
- le contrôle de la terre par certaines élites administratives, politiques, religieuses, coutumières « elite captures » au grand détriment des masses populaires ;

- la faible capacité contributive au dialogue national en matière foncière d'un certain nombre d'acteurs clés comme les communautés de base à travers leurs représentants, la société civile, etc.
- le risque de basculement de la paix sociale suite à la prise de décisions qui entrent en conflit avec les intérêts de certains acteurs qui contrôlent le système ;
- le caractère encore flou et non résolu de la situation des droits fonciers des femmes en vertu du droit coutumier, etc.

À ce niveau, l'union des forces est nécessaire pour une contribution de taille à la préservation des acquis en termes de paix sociale en maîtrisant le levier du foncier. C'est dans ce cadre que l'International Land Coalition vient d'accepter de soutenir les acteurs locaux au Libéria pour mettre en place et dérouler une Stratégie Nationale d'Engagement (NES) sur le Foncier dont l'objectif est de connecter le maximum de parties prenantes, de les mobiliser à travers la production de connaissances mais également de renforcer leurs capacités et de conduire un processus d'influence auprès des décideurs pour mieux intégrer les principes de la gouvernance foncière centrée sur les personnes.

SECTION 3

TABLEAU RÉCAPITULATIF DES RÉFORMES FONCIÈRES

Tableau1 : Récapitulation des réformes foncières

	ÉTAT DE LA RÉFORME	PAYS	DOCUMENT DE POLITIQUE, CADRES INSTITUTIONNELS ET JURIDIQUES
G1 (8)	Mise en œuvre des réformes	BÉNIN	PFR (1990 s) ; loi portant régime foncier rural (2007) ; Livre blanc de politique foncière et domaniale (2011) ; loi portant code foncier et domanial (2013) ; 12 décrets d'application (2015) ; mise en place de l'ANFR
		BURKINA FASO	PFR (1990 s) ; Comité National pour la Sécurisation Foncière en Milieu Rural (2002) ; Politique nationale de sécurisation foncière en milieu rural (2007) ; Loi portant régime foncier rural (2009) ; Décrets d'application et projets de mise en œuvre ; Mise en place de l'ONF ; défi de généralisation de la loi dans toutes les communes du pays ; Intervention de projets de sécurisation foncière rurale limités à certaines zones et souvent sur certains outils de la réforme ; Défi de durabilité de l'ONF

	ÉTAT DE LA RÉFORME	PAYS	DOCUMENT DE POLITIQUE, CADRES INSTITUTIONNELS ET JURIDIQUES
		CÔTE D'IVOIRE	PFR (1990 s) ; Loi relative au domaine foncier rural DE 1998 modifiée en 2004 ; Déclaration de politique foncière rurale en élaboration (2015) ; Mise en place de projets pilotes sur le foncier rural ; Mise en place de l'ANFR
		GHANA	Politique foncière nationale (1999) ; Projet administration foncière (depuis 2003)
		MALI	Loi d'Orientation Agricole (2006) ; Feuille de route (2008) ; Comité de Pilotage et d'Animation (2009) ; Politique foncière agricole (2014) ; Loi sur le foncier agricole adoptée en 2017.
		NIGER	Code rural au Niger (2012- 2013) ; Bilan et processus d'élaboration d'un document de politique et lois ; États généraux organisés en février 2018 sur le foncier rural en vue d'une nouvelle politique foncière.
		TOGO	Audit du système foncier (2008) ; Comité national de réflexion sur le foncier agricole et rural (2013) ; Avant-Projet du Code foncier et Domanial (2014) ; Adoption du Code foncier en juin 2018.

	ÉTAT DE LA RÉFORME	**PAYS**	**DOCUMENT DE POLITIQUE, CADRES INSTITUTIONNELS ET JURIDIQUES**
		LIBERIA	Commission foncière nationale (2010) ; Land Rights Act élaborée (2014) ; Land Authority Act approuvée par le Sénat (2016) et approuvée en septembre 2018 par le Président George Weah
G2 (4)	**En cours de réforme**	**SIERRA LEONE**	Politique foncière nationale (2005) ; Politique foncier nationale élaborée (2015)
		SÉNÉGAL	Loi d'orientation agro-sylvo-pastorale (2004) ; Groupe de travail thématique « Réforme foncière » (2005 - 2010) ; Commission Nationale de Réforme du Droit à la Terre (2005 - 2012) ; Commission Nationale de Réforme foncière (depuis 2012) ; Élaboration d'un document de politique foncière nationale en octobre 2017 en attente de validation ; Dissolution de la CNRF qui marque une incertitude dans le processus de réforme ; Dynamique collaborative intéressante avec beaucoup de cadres de dialogue comme le CRAFS, la PNDV/GF, la mise en place d'un processus SNE
		CAMEROUN	Ordonnance n° 74/1 du 6 juillet 1974 portant régime foncier. Depuis 2005, une nouvelle ère de réforme foncière. Vers une relecture du cadre juridique du foncier de 2010 ; Création du Ministère des Domaines,

	ÉTAT DE LA RÉFORME	PAYS	DOCUMENT DE POLITIQUE, CADRES INSTITUTIONNELS ET JURIDIQUES
			du Cadastre et des Affaires Foncières en 2012 ; Révision de la loi foncière en cours ; Mise en place d'un processus SNE avec l'appui de ILC
		CONGO DÉMOCRATIQUE	Le foncier régi par la loi du 20 juillet 1973 ; Comité de Pilotage de la Réforme foncier en 2012 ; Une feuille de route consensuelle pour une réforme inclusive et participative avec un document de référence pour la conduite de la réforme foncière en RD Congo. Réforme foncière en cours sous l'égide de la CONAREF (Commission nationale de réforme foncière) ; Mise en place d'un processus SNE
G3 (1)	**Initiative débutante en matière de réforme**	**GUINÉE-CONAKRY**	Déclaration de Politique foncière en milieu rural (2001) ; Diagnostic foncier rural en vue d'une réforme foncière (2015) ; Mise en place d'une plateforme nationale de dialogue multi-acteurs sur le foncier ; Réflexion en cours pour une politique foncière rurale et agricole.
G4 (2)	**Statu quo**	**GAMBIE**	Land Commission Act (2007), mais la commission foncière n'a jamais été mise en place
		TCHAD	Situation de léthargie

CHAPITRE II

ANALYSE CROISÉE DES LÉGISLATIONS ET PRATIQUES FONCIÈRES

Il faut aborder successivement les tendances et les bonnes pratiques.

SECTION 1

LES TENDANCES DE SYSTÈME FONCIER

§ 1. Considérations générales

Au moment de leur accession à la souveraineté internationale, bon nombre de pays africains ont hérité du colonisateur une situation confuse en matière foncière du fait de la juxtaposition de régimes juridiques tous applicables, mais aussi d'une coexistence de droits réels et de droits coutumiers. La question de savoir s'il fallait ou non maintenir le régime coutumier est alors constamment revenue.

L'Analyse de la situation de quelques pays d'Afrique noire francophones comme anglophones laisse apparaître des préoccupations communes et des défis identiques à relever. Ces préoccupations sont liées :

- aux conflits liés à la terre, au devenir des droits coutumiers toujours vivaces en dépit de leur suppression officielle dans certains pays nonobstant la tendance à leur reconnaissance dans la nouvelle vague de politiques foncières qui a déferlé depuis les années 1990, au phénomène nouveau des acquisitions de terres à grande échelle constitutif de menaces sur les exploitations familiales et la sécurité alimentaire,

- à l'exode rural difficilement maîtrisable et qui entraîne un entassement à la périphérie des villes, à la réduction des espaces pastoraux entraînant des conflits permanents entre agriculteurs et éleveurs, etc.

Tous ces phénomènes génèrent insécurité foncière, menaces sur la paix et les équilibres socio-politiques. Les défis auxquels les pays d'Afrique sont confrontés revêtent les mêmes contours, induisent à quelques variations près les mêmes effets, reçoivent à peu près les mêmes réponses qui présentent presque les mêmes limites.

On note les mêmes tendances dans les processus de réforme foncière en cours dans les pays francophones. En effet, les grandes tendances des réformes foncières en cours dans les pays africains partageant le même héritage colonial français s'orientent vers les principales options suivantes :

- la reconnaissance, par des modalités différentes, de la légitimité des droits fonciers coutumiers ;

- l'élaboration de politiques foncières suivant un processus de dialogues politiques impliquant l'ensemble des catégories d'acteurs concernés ;

- L'identité du contenu des politiques foncières avec une promotion de la propriété privée, une tentative de sécurisation foncière des investisseurs par des mécanismes juridiques divers.

La mise en place de nouvelles politiques foncières est ressentie comme préalable nécessaire pour faire jouer à la terre toutes ses utilités et créer les conditions de sortie de situation d'insécurité alimentaire dans laquelle presque tous les pays sont plongés.

§ 2. Le caractère non homogène du statut de la terre

Les droits coutumiers n'ont pas de reconnaissance juridique. Les ruraux sont maintenus dans une situation d'illégalité permanente et d'insécurité juridique, d'où le décalage entre la loi et les pratiques. Les législations foncières sont peu ou pas appliquées, mais cela ne les empêche pas d'avoir des effets concrets à partir du moment où elles sont prises en compte, même de façon partielle, par certains acteurs. C'est le cas bien sûr des instances chargées de les appliquer (administration territoriale, justice, etc.), mais aussi des élites urbaines, et de certains acteurs locaux qui peuvent avoir un intérêt stratégique à s'appuyer sur elles pour revendiquer des droits illégitimes au regard des normes locales.

L'évolution des pratiques et la multiplication des conflits fonciers ne sont donc pas seulement le produit des changements macroscopiques (accroissement de la compétition pour la terre, du fait de la démographie et du marché) que privilégient les théories évolutionnistes des droits sur la terre. Elles découlent tout autant de l'intervention étatique et de cette situation de pluralité juridique, à l'origine de l'incertitude sur les droits, qui incite les uns et les autres à jouer de la dichotomie des normes. On ne peut pas aujourd'hui opposer des pratiques « traditionnelles » locales à la législation : les ruraux sont confrontés depuis près d'un siècle à l'interférence de l'État et l'ont intégrée dans leurs pratiques foncières. Les acteurs utilisent de façon opportuniste l'un ou l'autre des registres de droits, pour appuyer leurs revendications foncières.

Les lois foncières issues du droit moderne ont, en effet, de nombreux problèmes d'applicabilité et ne reconnaissent pas en général les droits des populations sur les terres héritées de leurs ancêtres. Au nom du « principe de domanialité », l'État est présumé propriétaire des terres, en l'absence de droits reconnus par le système de l'immatriculation (attribution de titres fonciers par les services du cadastre). Cette procédure étant complexe, longue et coûteuse (elle est directement héritée de la période coloniale), les populations ont peu recours aux titres fonciers et se réfèrent préférentiellement aux règles de gestion coutumière en milieu rural. De fait, la majorité des droits sur les terres appartenant aux exploitations familiales n'est pas reconnue légalement par les instances de gestion moderne, ce qui place les producteurs en état d'insécurité foncière.

§ 3. Le déficit alimentaire et le changement climatique

Selon le Groupe d'experts intergouvernemental sur l'évolution du climat (GIEC), l'Afrique de l'Ouest est parmi les régions les plus vulnérables aux fluctuations futures du climat. La sixième édition de l'indice de vulnérabilité au changement climatique (IVCC),[17] publiée, identifie

[17] L'IVCC est un élément central de la 6e édition de l'Atlas sur le changement climatique et les risques environnementaux de Maplecroft.

également l'Afrique de l'Ouest comme étant le principal point sensible du risque de changement climatique. Les risques découlent d'un réchauffement prévu de plus de 2 °C dans la région avec des changements importants de précipitations et d'humidité, ce qui aura un impact significatif sur l'économie agricole régionale. L'Indice identifie sept pays « à risque extrême » dans la région de la CEDEAO : la Guinée-Bissau (2e), la Sierra Leone (3e) et le Nigeria (6e), suivis du Sénégal, de la Guinée, du Burkina Faso et de la Gambie[18].

Les changements et la variabilité du climat combinés à la croissance rapide de la population conduisent à une dégradation grave et continue des ressources naturelles, menaçant l'agriculture et la production animale, augmentant ainsi la pauvreté et l'insécurité alimentaire et nutritionnelle.

L'agriculture et l'élevage sont les principales sources de subsistance pour la majorité de la population de la CEDEAO. Beaucoup d'agriculteurs et d'éleveurs de la région sont pauvres, produisent à hauteur de subsistance et font face à de nombreux défis, dont la sécheresse, la dégradation des sols, la déforestation, le surpâturage et l'épuisement des sources d'eau de surface. Le changement et la variabilité climatiques constituent une grande menace pour ces familles déjà

L'IVVC évalue trois facteurs : l'exposition à des événements climatiques extrêmes, notamment l'élévation du niveau de la mer et les variations futures de la température, des précipitations et d'une humidité spécifique ; la sensibilité des populations, en termes de santé, d'éducation, de dépendance agricole et de disponibilité des infrastructures ; et la capacité d'adaptation des pays à lutter contre les impacts du changement climatique, qui englobe la R-D (recherche et développement), les facteurs économiques, la sécurité des ressources et l'efficacité du gouvernement. L'Indice a été développé pour identifier les risques climatiques vis-à-vis des populations, des gouvernements et de la croissance économique au cours des 30 prochaines années.

[18] Voir l'évaluation du droit à l'alimentation FAO, 2014.

pauvres, qui ne peuvent souvent faire autrement que de quitter leurs villages à la recherche d'autres moyens de subsistance dans les centres urbains. Historiquement, la région a connu des décennies de grave sécheresse ainsi que des périodes de précipitations supérieures à la moyenne. Cependant, les effets du changement climatique mondial sont devenus tangibles à partir des années 1990, sous forme d'alternance d'années très sèches et très humides conjuguées à des événements météorologiques extrêmes tels que les inondations, les sécheresses, la chaleur extrême et les fortes pluies, qui ont aggravé une situation déjà difficile.

Les terres des pays concernés subissent des pressions liées non seulement au réchauffement climatique mais aussi une absence de législations adéquates qui impacte sur le rendement agricole escompté. En effet, l'évolution démographique et la rareté des ressources posent déjà des problèmes de sécurité alimentaire avec une pression croissante sur les ressources naturelles qui se raréfient.

De manière générale, à l'exception de quelques pays qui ont fait évoluer récemment leur législation (loi 034-2009 au Burkina Faso, code rural de 1993 au Niger, Mali en 2018, Côte d'Ivoire en 1998, Togo en 2018, Bénin en 2013), la reconnaissance des droits locaux dans les politiques foncières en Afrique de l'Ouest reste encore à clarifier pour une meilleure opérationnalisation.

Le pastoralisme est également rarement reconnu comme un mode de mise en valeur des terres. Les zones pastorales sont ainsi les premières victimes de l'avancée du front agricole sous l'effet de la pression démographique et de l'acquisition de terres par de nouveaux investisseurs. Ce phénomène est accentué par le fait que dans la majorité des pays, les États sont encore fragiles. Bien que la décentralisation ait été lancée depuis plusieurs années, celle-ci semble bel et bien en panne dans la majorité des cas.

Plusieurs éléments en témoignent : transferts de compétences incomplets, reprise de certaines prérogatives stratégiques par les États, absence de transferts financiers, etc. Même lorsque les compétences en matière de gestion foncière sont transférées (comme c'est le cas au Sénégal, où les communes ont le pouvoir d'affecter et de désaffecter les terres), le rôle de l'État demeure primordial et celui-ci joue de toutes ses ressources pour reprendre le contrôle sur les terres.

Selon les pays, les autorités intervenant dans l'attribution des terres sont variables, mais l'État y est toujours le principal gestionnaire des terres, au nom du principe de domanialité généralisé dans presque tous les pays après les Indépendances. Avec la décentralisation, les législations ont évolué pour donner de nouvelles prérogatives en matière de gestion foncière aux collectivités locales (Sénégal, Burkina Faso, etc.).

Ces contraintes qui pèsent sur la production agricole, dans un contexte où prédominent informalité et insécurité foncières, constituent un défi pour les États, les Institutions régionales (Union Africaine, Commission Économique pour l'Afrique) et la CEDEAO.

À côté de la dégradation progressive des ressources naturelles se pose la question de la capacité des droits fonciers collectifs à faire face et à s'adapter aux pressions des marchés fonciers.

Aussi, il convient de préciser qu'il n'est pas facile d'obtenir des chiffres exacts sur l'ampleur du phénomène de l'accaparement des terres du fait du manque de transparence qui entoure ces transactions. En effet, peu de contrats de bail ou conventions d'investissements ont été rendus publics, le plus souvent par des organisations non gouvernementales, étant donné que les autorités étatiques considèrent ces documents comme confidentiels. Dans une publication de la FAO de 2016, le rapport d'étude indique qu'environ

2 313 411 hectares de terres ont été acquis entre 2000 et 2012 dans l'ensemble des pays enquêtés, soit 1,5 % de la superficie totale des terres arables de ces pays3. La répartition des acquisitions de terre dans les neuf pays est la suivante :

1. Bénin: 85 765 ha ; 2,3 %
2. Burkina Faso : 288 044 ha ; 2,4 %
3. Côte d'Ivoire : 119 578 ha ; 0,6 %
4. Guinée : 34 900 ha ; 0,2 %
5. Guinée-Bissau : 2 860 ha ; 0,2 %
6. Mali : 721 938 ha ; 1,7 %
7. Niger : 207 643 ha ; 0,5 %
8. Togo : 7 707 ha ; 0,2 %
9. Sénégal : 844 976 ha ; 9,4 %

Soit un total de 2 313 411 ha.

§ 4. L'accès contraignant des femmes au foncier

Les femmes jouent un rôle clé dans la réalisation de la sécurité alimentaire et nutritionnelle : elles produisent, transforment et fournissent la nourriture à leurs familles, préservent les savoirs traditionnels et la biodiversité, gèrent la stabilité de l'approvisionnement en vivres en temps de crise économique, collectent le bois de chauffage et l'eau, génèrent des revenus et s'occupent de leurs familles.

Selon les dernières données disponibles, les femmes représentent en moyenne 43 pour cent de la main-d'œuvre agricole et deux tiers des éleveurs des pays en voie de développement, avec de fortes variations entre les pays

(FAO, 2011)19. Cependant, certains chercheurs croient que la participation des femmes dans l'agriculture est sous-estimée en raison de problèmes de collecte de données et du manque de données fiables désagrégées par sexe. En Afrique de l'Ouest, le pourcentage de femmes constituant la main-d'œuvre agricole varie de 36 pour cent en Côte d'Ivoire et au Niger à plus de 60 pour cent en Sierra Leone, et peut atteindre jusqu'à 80 pour cent dans les régions éloignées (FAO, 2011). Les femmes de la région de la CEDEAO sont de plus en plus impliquées dans l'agriculture (cultures vivrières et de rente) étant donné que de plus en plus d'hommes migrent (de façon saisonnière ou permanente) du Sahel vers les pays côtiers, le Moyen-Orient ou l'Europe.

Cependant, il existe de nombreux obstacles qui entravent l'accès des femmes aux moyens de production, comme la terre, l'eau, le crédit, la connaissance et le travail, ou aux services, tels que la vulgarisation agricole, l'éducation et la santé. Ces obstacles non seulement augmentent leur vulnérabilité et celle de leurs familles vis-à-vis de l'insécurité alimentaire, mais réduisent également de façon considérable leur contribution à la production agricole en général.

Une forte inégalité entre les hommes et les femmes est chose commune à tous les pays de la CEDEAO. Leur indice d'inégalité de genre (IIG), reflétant les désavantages des femmes en matière de santé de la reproduction, d'autonomisation et de marché du travail, sont parmi les plus élevés dans le monde, allant de 0,550 au Sénégal à 0,707 au

---

[19] **FAO.** 2011. La situation mondiale de l'alimentation et de l'agriculture 2010-2011. Le rôle des femmes dans l'agriculture. Combler le fossé entre les hommes et les femmes pour soutenir le développement (disponible sur www.fao.org/docrep/013/i2050f/i2050f00.htm). Consulté le 7 novembre 2013.

Niger (l'IIG le plus élevé au monde)20. En Afrique de l'Ouest, la terre est principalement détenue par les hommes et transmise aux hommes d'une génération à l'autre. Cela signifie que les femmes ont accès à la terre et disposent des droits d'utilisation indirectement, à travers les hommes de la famille. Toutefois, la question reste entière en termes de contrôle des terres qui, le plus souvent, incombe aux hommes ou plus rigoureusement à la famille.

L'insécurité foncière décourage les femmes de consacrer du temps et des ressources à des pratiques agricoles durables. Il convient de noter qu'il existe des différences importantes en fonction de l'appartenance ethnique. Certaines femmes au Ghana, Burkina Faso et au Nigeria sont en mesure d'hériter, de louer, de cultiver (en tant que métayères) et d'avoir accès à la terre à travers leurs maris de façon très différente des femmes d'autres pays d'Afrique de l'Ouest, ce qui peut être le résultat d'une influence relativement faible de l'Islam dans certaines zones (Institut international pour l'environnement et le développement, 1999).

Au Burkina Faso, les hommes ont un meilleur accès aux engrais et à la main-d'œuvre familiale et non familiale pour leurs parcelles agricoles. Une recherche sur les différences de genre dans la productivité agricole conclut que la réaffectation de ces ressources aux femmes pourrait accroître la production agricole des ménages de 10 à 20 pour cent21.

---

[20] L'IIG varie de 0 - les femmes et les hommes réussissent pareillement - à 1 - les femmes réussissent aussi mal que possible dans toutes les dimensions mesurées.

[21] [21] **FAO.** 2011. La situation mondiale de l'alimentation et de l'agriculture 2010-2011. Le rôle des femmes dans l'agriculture. Combler le fossé entre les hommes et les femmes pour soutenir le développement (disponible sur www.fao.org/docrep/013/i2050f/i2050f00.htm). Consulté le 7 novembre 2013.

En outre, les décisions concernant le choix des cultures, l'allocation des terres pour les cultures vivrières et les cultures de rente et la quantité des produits gardés pour la consommation familiale sont souvent prises par les hommes, ce qui peut conduire à la disponibilité limitée de nourriture au sein des ménages. Les revenus de la production des cultures de rente ne sont généralement pas contrôlés par les femmes et ce sont souvent les hommes qui décident comment dépenser ces revenus, ce qui peut affecter la qualité des vivres achetés pour la consommation des ménages.

Dans la plupart des pays en Afrique au sud du Sahara, la prévalence de l'idéologie patriarcale qui assure la supériorité des hommes sur les femmes est une réalité. Même avec l'émergence des droits légaux à travers l'administration, les filles sont toujours restreintes dans l'accès au foncier du fait du système patri-linéal.

Dans différents pays comme le Ghana, le Nigeria, le Libéria et la Sierra Leone, les régimes fonciers montrent que les droits fonciers des femmes sont bafoués malgré l'introduction dans certains pays anglophones de titres au nom du couple avec la subordination de toute décision au consentement des deux époux. Même si ces titres correspondent à une idéologie qui cherche à mieux prendre en charge l'égalité entre homme et femme, il n'en reste pas moins que dans la pratique, la mise en œuvre est difficile, la femme pouvant exposer son ménage si elle décide de tenir tête à son mari. Du fait de l'introduction des cultures de rente, il y a une érosion des droits fonciers des femmes pour les cultures vivrières auxquelles elles ont toujours été confinées (les femmes et les filles sont les gardiennes de la sécurité alimentaire du ménage).

Dans les pays de l'Afrique où la religion musulmane est prédominante, les lois foncières appliquées au genre sont confrontées en plus des lourdeurs structurelles, à des pesanteurs liées aux chartes musulmanes (seul le chef de ménage est responsable de la famille) et les femmes sont confinées dans des rôles secondaires qui ne leur permettent pas souvent d'accéder aux moyens de production notamment la terre.

De manière générale, la législation et les dispositions légales sont favorables aux hommes et aux femmes, mais ce sont les pesanteurs traditionnelles qui constituent un facteur de blocage à l'opérationnalisation des lois et l'émancipation de l'accès au foncier par les filles et les femmes.

L'importance croissante du foncier dans le développement socio-économique renforce l'exclusion de la femme. En effet, plusieurs facteurs contemporains renforcent la discrimination de la femme au moment où l'évolution des textes juridiques tente d'établir l'égalité entre homme et femme. L'amplification des investissements agricoles, la raréfaction croissante de la ressource, la poussée démographique, la marchandisation foncière convergent toutes vers l'aggravation de l'exclusion féminine.

En effet, la ruée vers les terres agricoles a renforcé les appétits fonciers et développé la marchandisation. La position prééminente de l'homme est consolidée. L'homme est au cœur de toutes les transactions susceptibles de déposséder la communauté familiale. La femme dont le statut foncier reste essentiellement un « droit délégué » est la première perdante en ce sens que le délégataire (l'homme) s'adonne à des transactions foncières volontaires pouvant entraîner la perte foncière. La puissance publique, aussi de son côté et à cause de ses nouveaux et multitudes besoins, procède à des dépossessions ou expropriations.

§ 5. Les bonnes pratiques foncières

Ce tableau présente les bonnes pratiques à capitaliser

BONNES PRATIQUES À CAPITALISER	PAYS
1. Plateformes multi-acteurs inclusives sur le foncier au niveau national	SÉNÉGAL MALI GUINÉE NIGER
2. Développement d'outils de sécurisation et de gouvernance foncière : PAOS	SÉNÉGAL
3. Modèle de mise en place des composantes du cadre de gouvernance foncière : Livre Blanc sur Politique foncière incluant la vision, Loi Domaniale et Foncière (prenant en compte le foncier rural) et Agence de mise en œuvre (ANDF)	BÉNIN CÔTE D'IVOIRE
4. Responsabilisation des autorités locales (village), des communes dans la sécurisation foncière à la base et dans l'implantation d'investisseurs (Chedda, attestation de détention foncière, Attestation de cession)	NIGER MALI GUINÉE NIGER BURKINA FASO
5. Conventions foncières locales, arrangements fonciers locaux	MULTI PAYS
6. Mesures de discrimination positive en faveur des femmes par les quotas. E.g. Niger : 15 % des terres des aménagements publics pour les femmes	NIGER MALI
7. Assistance juridique aux femmes et groupes défavorisés/vulnérables pour exploiter le cadre juridique existant pour accéder à la terre, sécuriser les droits acquis	MULTI PAYS
8. Des observatoires du foncier	BURKINA FASO TCHAD UEMOA
9. Encadrement des acquisitions foncières à grande échelle (plafonnement ; exigence d'un plan de mise en valeur ; propriété réservée aux nationaux, etc.	BÉNIN

BONNES PRATIQUES À CAPITALISER	PAYS
10. L'élaboration de politique foncière préalablement à la production/modification des textes juridiques	MULTI PAYS

TITRE 2

ANALYSE DES DYNAMIQUES FONCIÈRES DANS LE BASSIN DU FLEUVE SÉNÉGAL

CHAPITRE I

LA SÉCURITÉ FONCIÈRE EN QUESTION

La sécurité foncière est une demande récurrente des acteurs du bassin du fleuve Sénégal. Elle est même l'une des principales motivations des réformes foncières annoncées, voire enclenchées, mais jamais totalement achevées.

Cette sécurité foncière suscite la sérénité des exploitants et la stabilité des exploitations pour une production optimale génératrice de moyens de subsistance. Elle est donc indissociable de la sécurité alimentaire.

SECTION 1

LA SÉCURITÉ FONCIÈRE : UNE DEMANDE CONSTANTE

§ 1. Répondre à la question des droits d'usage précaire

En Afrique de l'Ouest et particulièrement dans le bassin du fleuve Sénégal, la question foncière a connu beaucoup de péripéties et des différences notoires d'un pays à un autre. En fait, malgré le partage de coutumes sur l'aspect foncier du fait d'un même peuplement, des différences subsistent dans la relation de l'homme à la terre. Après les indépendances, les objectifs de développement étaient les mêmes mais les législations foncières ont connu des différences, voire des divergences. En effet, il n'existe pas un système foncier uniforme et la pluralité des acteurs en fait un domaine où s'entrecroisent traditions, législations et innovations dans le système de gouvernance foncière.

L'existence d'une législation foncière au niveau de chacun des trois pays concernés par cette étude est révélatrice de la considération importante accordée aux ressources foncières par les pouvoirs publics et les populations locales, principaux acteurs et destinataires des revenus fonciers. Cet élan législatif et réglementaire constitue un atout, un apport considérable en ce sens qu'il permet de définir les principes et règles qui gouvernent l'accès, l'usage et la gestion du foncier et des ressources qui s'y rattachent. Le lien était donc très tôt perçu entre la terre, en tant que principale ressource pour couvrir les besoins vitaux des populations et la conception d'un modèle juridique définissant les conditions se rapportant à l'accès, l'exploitation et la rationalisation des terres.

Cette interconnexion entre le foncier et la couverture des besoins vitaux des ménages est à l'origine de la loi sénégalaise n° 64-46 du 17 juin 1964 relative au domaine national. Cette loi qui répartit le territoire national en quatre zones (les zones urbaines, les zones rurales, les zones classées et les zones pionnières), a permis une bonne prise en compte des particularités zonales, gage d'un aménagement rationnel et moteur de développement économique et social souhaité par le législateur. Le mérite de cette loi réside dans le fait que la terre appartient à la Nation vue comme une notion composite regroupant tous les acteurs qui veulent investir dans le domaine foncier et qui respectent les principes dégagés par le décret n° 64-573 du 30 juillet 1964 fixant les conditions d'application de la loi 64 et celui n° 72-

1288 du 27 octobre 1972 relatif aux conditions d'affectation et de désaffectation des terres du domaine national comprises dans les communautés rurales.

Bien que la codification du foncier (code domanial et foncier au Mali, la loi sur le domaine national au Sénégal) ait été considérée dans beaucoup de pays africains comme une solution privilégiée pour instaurer l'égal accès à la terre, c'est un euphémisme de reconnaître aujourd'hui que la situation foncière recèle beaucoup d'insuffisances. Les difficultés institutionnelles et foncières en particulier apparaissent comme une des causes essentielles de cette situation. Dans les pays du bassin du fleuve Sénégal, l'organisation et la réglementation foncières reflètent deux principes : la terre appartient à l'État ou est sous le contrôle de l'État ; par conséquent, les parcelles non immatriculées sont seulement attribuées aux exploitants qui n'en sont donc pas propriétaires. Les paysans ne disposent que d'un simple droit d'usage soumis à la condition de « *mise en valeur* ».

Cet état de fait est difficilement accepté par les populations qui accordent peu ou presque pas d'importance aux droits qui leur sont conférés par ces législations. Par exemple, dans le village de Gouthioubé qui se situe dans la commune de Tafsirga, aucun exploitant ne dispose d'un papier attestant qu'il est attributaire de la parcelle qu'il exploite avec sa famille. Les populations considèrent qu'ils sont les « propriétaires des terres qu'ils exploitent et ce depuis leurs ancêtres (*sources* : M. Sékou Fadé, fils et porte-parole du Chef de village de Gouthioubé). Quand bien même au Sénégal, les paysans sont de plus en plus soucieux de leur situation foncière, ils cherchent à sécuriser leurs terres en les régularisant. Mais cette régularisation se fait sur la base des droits fonciers coutumiers. À Diama, par exemple, sur des milliers d'hectares de terres régularisés avec le MCA, moins d'une dizaine étaient régulièrement affectés en vertu de la loi.

§ 2. Répondre à la question temporelle et égalitaire des droits conférés

Le plus souvent, cette attribution qui est censée être temporaire, conditionnelle (liée au respect des règles d'exploitation) et égalitaire relève plus de la théorie, car la mainmise des maîtres de terres en ce qui concerne l'accès, l'usage et la gestion du foncier est toujours d'actualité. Les anciens maîtres de la terre prennent aujourd'hui la casquette du chef de village, donc impliqués dans la gestion foncière légalement dans certains États. Dans certaines zones rurales du Mali, c'est à lui que revient l'attribution des terres dans sa localité. Au Sénégal, bien que la gestion du foncier revienne à la commune, le chef de village est toujours membre d'office de la commission domaniale dans sa localité. Ainsi, selon le Maire de la commune de Tafsirga au Mali, la gestion du foncier n'est pas de leur compétence formelle. Et M. Amadou Yoro Ba, membre de la commission domaniale de Dabia au Sénégal, affirme : « Dans notre commune, une grande partie des terres arables appartient à une seule famille, et le reste de la population se partage l'autre moitié. On ne voit pas cette égalité tant chantée par la LDN ». Il n'y a aucune justice foncière selon lui. Et on note la même situation dans la commune de Moudery au Sénégal où Tuabou revendiquait une grande partie des terres comme étant la propriété de la famille Bathilly, ce qui, historiquement, est avéré. (Source : entretien avec GPF de Tuabou).

En effet, dans ces pays, la réglementation foncière coutumière rend souvent difficile l'accès des femmes et des jeunes à la terre et limite donc leurs sources de revenus. Dans plusieurs zones rurales du Mali, de la Mauritanie et du Sénégal, les femmes sont exclues des organes traditionnels de prise de décision. Au Sénégal, les femmes n'accèdent généralement à la terre que dans le cadre des GPF. Les pesanteurs socioculturelles et l'ignorance des procédures d'acquisition foncière rendant les affectations individuelles au bénéfice des femmes très rares. Dans le village de Tuabou par exemple, les femmes du GPF nous renseignent sur le fait qu'elles travaillent la terre beaucoup plus que les hommes, mais ne sont jamais propriétaires. Toujours au Sénégal, dans les registres de demandes foncières dans certaines communes comme Diama et Dabia, il n'y a presque pas de demandes individuelles enregistrées au nom des femmes ou des jeunes. Dans ces zones, la gestion du foncier est considérée comme l'affaire des hommes. (Source : entretien avec l'adjoint au sous-préfet et l'agent d'agriculture de l'arrondissement de Ndiaye).

De façon quasi générale, on constate que la réglementation foncière qualifiée de « *dirigiste* » par les paysans et égalitaire par les pouvoirs publics n'est pas appliquée dans les faits, même s'il y a souvent un certain consensus paysan pour les respecter en apparence. Ce respect apparaît, en effet, bien souvent factice et formel, essentiellement destiné à éviter des problèmes avec les instances extérieures (encadrement technique et administratif) qui représentent l'autorité de l'État, et qui contrôlent les ressources de fonctionnement ou d'équipement.

Dans presque tous les pays visités (Mali, Sénégal), on observe après quelques années de « *semblant respect* » de la législation foncière et des droits qui y sont reconnus, l'émergence de pratiques foncières ambivalentes et le plus souvent opportunistes. C'est notamment le cas à Diama où, selon l'agent d'agriculture de la commune, la commission domaniale se rend sur le terrain sans convoquer le comité technique et, la plupart du temps, c'est pour attribuer des terres déjà occupées, juste dans le but de s'enrichir sur le dos des paysans. À son avis, c'est cela qui a d'ailleurs expliqué les nombreux cas de superpositions de parcelles enregistrées lors de la formalisation foncière réalisée par le MCA.

En même temps, les relations à la fois sociales et foncières traditionnelles, toujours vivaces, déterminent les règles du jeu foncier et façonnent les relations entre les individus. Pour confirmer cette situation d'inégalité, l'adjoint au sous-préfet de Ndiaye affirme : *"Des enquêtes réalisées dans les périmètres irrigués villageois de la vallée du fleuve Sénégal ont révélé qu'au moment même de l'attribution des parcelles, 12 % de celles-ci ont été attribuées à des personnes absentes ou même décédées. Ces terres vont permettre à des notables (propriétaires fonciers traditionnels, paysans aisés ou influents) de cumuler en fait plusieurs parcelles, malgré une attribution en principe égalitaire. Très souvent, ces parcelles sont ensuite cultivées en droits délégués (métayage, location, prêt, etc.) suivant les relations foncières traditionnelles".*

En effet, ces relations et inégalités sociales actuelles se transposent donc et ont un effet sur les droits fonciers locaux et l'accès à la terre, reproduisant pour une grande partie les inégalités des statuts, mais aussi des différences liées par exemple aux revenus non agricoles de certains acteurs (commerçants, fonctionnaires). Ces « nouveaux riches », et une fraction des anciennes catégories sociales dominantes de propriétaires fonciers, arrivent ainsi à s'approprier de fait et à exploiter des superficies irriguées importantes. Parfois, ces exploitants indirects, faisant travailler leurs terres par des manœuvres salariés, arrivent à réaliser une exploitation relativement efficiente, en obtenant des rendements élevés : tel est le cas de bon nombre des exploitants les plus performants dans les aménagements du nord du Sénégal.

Par contre, les métayers, les locataires officieux et les petits exploitants les plus pauvres restent souvent, en raison de la précarité de leur situation et la faiblesse de leurs revenus, dépendants d'une logique d'exploitation « minimaliste » ou de survie plus que de rentabilité (dans la commune de Dabia par exemple, vu que la moitié des terres arables appartient à une famille et que le reste de la population se partage l'autre moitié, chaque famille ne dispose pas de plus de 0,70 hectare, ce qui fait qu'avec les aléas, la production agricole ne couvre pas plus de 5 mois des besoins alimentaires de la famille).

L'inadaptation des pratiques agricoles par rapport à la logique technique et économique de l'irrigation conduit souvent ces producteurs « infra-efficients » à devoir s'endetter avant de céder leur parcelle en gage, ce qui entraîne souvent un processus de fait de concentration de la propriété foncière effective des terres aménagées, avant une propriété nominale et une maîtrise réelle de la terre.

Il y a donc un consensus réel entre paysans pour respecter formellement les règles modernes d'occupation et d'aménagement des terres tout en fonctionnant en fait suivant des relations foncières et des statuts sociaux traditionnels dont les effets concrets sont en contradiction avec ces réglementations (Cet état de fait est plus visible au Sénégal où les paysans ayant tous adhéré massivement à la formalisation foncière de MCA sont tous dans une situation foncière régulière, quand bien même les droits fonciers régularisés étaient à la base d'origine coutumière (héritage).

Par contre, dans les zones rurales maliennes qui longent le bassin du fleuve Sénégal, l'accès à la terre se fait toujours selon les traditions. Dans ces zones, les seuls droits valables et reconnus par les paysans relèvent des coutumes et traditions. Ceci est confirmé par M. Fadé, porte-parole du chef de village de Gouthioubé, selon qui le code domanial et foncier est une loi à problèmes. Il aurait causé beaucoup de problèmes fonciers dans les grandes villes au Mali. Quand quelqu'un veut une portion de terre dans le village, il s'adresse directement au chef de village qui a seul le pouvoir de lui en attribuer. D'ailleurs, personne ne connaît, selon lui, la procédure d'accès à la terre prévue par le code, car n'étant jamais passé par là pour obtenir une parcelle.

En définitive, si au Sénégal, on assiste à la suppression progressive des droits coutumiers par une détention exclusive de l'État laissant un simple droit d'usage aux affectataires de terres du domaine national, on note, dans la réalité, la survivance d'un certain nombre de pratiques qui nuisent à tout effort de codification et de réglementation du foncier. Par contre, au Mali, le législateur, voulant éviter les problèmes que la suppression des droits coutumiers sur la terre avait créés au Sénégal, a décidé de consolider le droit coutumier. C'est ainsi qu'à partir des anciennes législations, le Mali confirme la nécessité du droit coutumier à travers l'article 43 de la loi n° 02-008/P-RM du 12 juillet 2002 portant code domanial et foncier qui stipule que *« les droits coutumiers exercés collectivement ou individuellement sur les terres non immatriculées sont confirmés ».* Mais l'imprécision du Code domanial et foncier par rapport aux droits coutumiers prête à confusion et les problèmes fonciers restent inévitables.

En Mauritanie, avec l'ordonnance de 1983, le législateur mauritanien d'alors visait à renforcer la prééminence de l'État sur la terre. À l'analyse, il s'avère que l'État mauritanien a, par cette ordonnance, eu l'occasion de rectifier sa position inconfortable au regard de la loi de 1960 qui n'offrait pas les moyens juridiques pour l'application de ses décisions et qui confirmait les droits coutumiers sur la terre. L'ordonnance sur la loi foncière de 1983 abolit la tenure traditionnelle et supprime tout droit qui ne se rattache pas à une personne physique, morale. En individualisant le droit de propriété, il visait les chefs traditionnels. On note aussi l'absence d'une information foncière pour les populations, une prise en compte hésitante des pratiques foncières locales, l'inaccessibilité de la majorité de la population aux dispositions légales et réglementaires qui gouvernent le foncier et la gestion des ressources naturelles.

On observe, par ailleurs, une recrudescence du phénomène de l'agriculture industrielle, surtout au niveau de la Vallée du fleuve Sénégal, entraînant un accaparement des terres à grande échelle, au détriment des producteurs locaux et de l'agriculture familiale. Cette inégalité dans les affectations foncières rend vulnérables certaines catégories socio-professionnelles en l'occurrence les jeunes, les femmes, etc., et constitue une limite regrettable quant à leur accès aux ressources naturelles locales. Et ce schéma est plus que jamais actuel dans les communes de la Vallée du fleuve Sénégal qui disposent d'un potentiel foncier important en plus de la disponibilité en eaux. Ainsi, au Sénégal, la réforme de 2013 relative au Code général des Collectivités locales du Sénégal devrait prendre en compte l'aspect accaparement des terres par les investisseurs privés nationaux et/ou étrangers en intégrant des dispositions qui permettraient aux populations locales de pouvoir bénéficier des ressources foncières situées dans leur espace vital et de jouir de leurs droits fonciers légitimes.

À l'origine, dans les trois pays, on retrouvait des systèmes fonciers traditionnels qui renfermaient certes des lacunes, mais présentaient une certaine stabilité qui garantissait la paix sociale. La question de la sécurité foncière se posait avec moins d'acuité, surtout dans un contexte de solidarité où la terre était un bien plutôt communautaire qu'individuel. C'est surtout l'avènement du droit foncier moderne d'inspiration coloniale et individualiste ainsi que la boulimie foncière des grandes firmes étrangères qui ont exacerbé la crainte des pertes de terre et la revendication d'une sécurité foncière.

Nous constatons, en définitive, que les approches sont différentes d'un pays à l'autre, mais les problèmes restent les mêmes (inégal accès à la terre, insécurité foncière, survivances des coutumes foncières, faible prise en compte des exploitations familiales, etc.) Pourtant, chaque expérience a ses forces et faiblesses. Une concertation pourrait être fructueuse pour une meilleure harmonisation de la gestion foncière dans le bassin du fleuve Sénégal.

SECTION 2

LA LANCINANTE QUESTION DE LA SÉCURITÉ ALIMENTAIRE ET DES MOYENS DE SUBSISTANCE DANS LE BFS

On parle de sécurité alimentaire lorsque les habitants d'un pays ont un accès sûr et durable à l'alimentation dont ils ont besoin pour être en bonne santé et mener une vie active. C'est donc une composante essentielle de la sécurité humaine. Ainsi, un individu, un foyer ou une communauté jouit de la sécurité alimentaire quand chacun dispose, en tout temps, de la possibilité matérielle et économique d'acheter, de produire, d'obtenir ou de consommer une nourriture suffisante, saine et nutritive répondant à ses besoins, conforme à ses goûts et lui permettant de mener une vie active[22]. Vue sous cet angle, la sécurité alimentaire n'est pas atteinte dans les pays ciblés par l'étude.

---

[22]http://www.streaminitiative.org/Library/pdf/myanmar/MyanmarReport.pdf, 2004 Evaluer la sécurité alimentaire ? Guide pratique pour les Sociétés nationales africaines

§ 1. Identification de la notion de sécurité alimentaire

Trois facteurs sont essentiels pour mesurer la sécurité alimentaire locale : la disponibilité de la nourriture, son accessibilité et son utilisation.

Il y a disponibilité lorsque les populations, quel que soit leur niveau de vie, peuvent obtenir la nourriture souhaitée. L'accessibilité est garantie lorsque les communautés et les ménages, y compris la totalité des individus qui les composent, disposent des ressources adéquates – argent, par exemple – pour se procurer les aliments nécessaires à un régime équilibré. Quant à l'utilisation, elle fait référence à la façon dont les gens en font usage. Ceci dépend de la qualité des aliments, de leur stockage, de leur préparation, des principes nutritionnels de base ainsi que de l'état de santé des individus les consommant. Il est à noter que l'absence d'un de ces facteurs peut causer l'insécurité alimentaire. Ceci étant, les pays cibles sont loin d'atteindre cette garantie dans le domaine de l'alimentation.

Par risques, il faut entendre tous les phénomènes extérieurs (aléas bioclimatiques, contraintes géographiques, déséquilibres résultant de l'exploitation du « milieu », chocs économiques), objectivement probabilisables, avec lesquels les acteurs doivent composer[23]. Le risque alimentaire peut se définir par des difficultés à s'approvisionner, en temps opportun et à moindre coût, selon des critères de quantité et de qualité établis, dans le respect des spécificités locales.

---

[23] Resquiers-Desjardins, 1995, Impact des stabilités et gestion de risques et de l'insécurité alimentaire en Afrique Subsaharienne », in Hugon P., ed, « L'Afrique des incertitudes », Paris, PUF, Col, Tiers-Monde, pp. 221-238

L'agriculture est considérée comme le premier pilier de la sécurité alimentaire locale. Ainsi, elle tient une place importante dans la sécurité alimentaire des pays en voie de développement. L'essentiel de la consommation provient de l'agriculture ; s'y ajoutent des activités telles que la pêche, l'élevage et l'exploitation de la forêt.

Au niveau des pays utilisateurs du bassin du fleuve Sénégal, les risques sur la sécurité alimentaire varient d'une localité à une autre. Il sera impertinent de donner une vue d'ensemble sur la situation avant de comparer les différentes localités. Sur ce, notre échantillonnage montre une disparité des réalités et pratiques sociales dans les trois zones que constitue le bassin du fleuve Sénégal. Il s'agit du delta, de la vallée et du haut bassin du Fleuve Sénégal.

Dans le Delta du fleuve Sénégal

- **L'agriculture**

Dans le Delta du fleuve Sénégal, l'enquête montre que les risques d'insécurité alimentaire sont faibles mais existants. L'adjoint au sous-préfet de Diama explique qu'il n'y a pas, à sa connaissance, d'insécurité alimentaire dans la commune de Diama. Il justifie cette position par le fait que la culture maraîchère et horticole est fortement pratiquée par la plupart des paysans, à cause de la présence permanente de l'eau en qualité et en quantité. L'alimentation peut être suffisante, riche et diversifiée en plus de l'accessibilité des ressources naturelles nécessaires.

À Ndiol Maure, la situation est différente. Les populations sont unanimes que les récoltes ne peuvent couvrir l'alimentation des ménages à long terme. Un ménage consomme en moyenne 2 kg 500 de riz par jour. Il faut ensuite une dépense supplémentaire de 1500 francs en moyenne par jour pour couvrir les trois repas journaliers des familles. Le système d'échange de produits agricoles et horticoles comme palliatif au déficit de moyens financiers se pratique encore dans ce village, surtout le riz contre les produits horticoles. Avec une production de 8 tonnes de riz à l'hectare en moyenne, les producteurs utilisent plus de la moitié des revenus pour payer les charges et rembourser la dette s'il y en a lieu. Aussi, faut-il souligner que rares sont les agriculteurs qui détiennent 1 ha ou plus, ce qui implique que la majorité d'entre eux ont des récoltes inférieures à 8 tonnes de riz.

- **La pêche**

La pêche et l'élevage sont moins développés dans le Delta. En effet, il n'y a pas assez de retombées pour permettre aux acteurs de se nourrir convenablement de ces seuls produits. La pêche est une activité pratiquée par une minorité non professionnelle. Dans le village de Ndiol, nous avons rencontré des pêcheurs qui expliquent que l'agriculture est leur principale activité. Les produits halieutiques recueillis sont pour l'essentiel destinés à l'alimentation du ménage et un petit surplus à la vente en vue de l'acquisition de certaines denrées pour les repas. Cette ressource est tout de même insuffisante pour garantir une sécurité alimentaire du ménage.

Ceci est vrai pour l'élevage, dont l'espace est pratiquement occupé entièrement par l'agriculture. Il s'agit donc d'une activité d'appoint. Ces deux activités manquent réellement d'appui. Les producteurs qui s'y consacrent ne les considèrent pas comme des activités professionnelles exercées à titre principal.

Dans la Vallée du fleuve Sénégal

- **L'agriculture**

Dans la vallée du fleuve Sénégal, les producteurs agricoles pratiquent, pour la plupart, la riziculture et le maraîchage, et, dans certaines zones, la culture sous pluie et de décrue. À Dabia, le maraîchage est l'activité principale des femmes, à l'exception de la pomme de terre, d'octobre à juin.

Le conseiller agricole de l'ANCAR de Thilogne souligne que la sécurité alimentaire n'est pas atteinte dans cette zone. Il explique cette situation par le manque de professionnalisme des producteurs qui, souligne-t-il, ne respecte pas les calendriers agricoles. Oumar Kane soutient que « la sécurité alimentaire n'est pas garantie dans la zone. L'agriculture ne couvre pas plus de 4 mois, le reste est assuré par l'émigration et le commerce. Pour preuve, le nombre d'émigrés est très élevé dans la zone. Dans les ménages, l'alimentation est peut-être suffisante en quantité mais pas en qualité car non diversifiée ».

Selon Mamadou Samba BA (commission domaniale), « dans la commune de Dabia, les exploitations familiales se portent mal. La population ne dispose que d'un casier de 720 hectares et chacun 0,70 ha, ce qui est insuffisant pour un paysan qui doit vivre de sa production agricole ».

L'ANCAR a initié un projet portant sur la culture du maïs hybride. Quelques producteurs sont sélectionnés et formés pour exploiter cette céréale alternative. L'exploitation porte sur 73 hectares. Les semences ont été fournies par la structure. Cette production pourra diversifier les récoltes et participer à assurer la sécurité alimentaire des agricultures.

- **L'élevage**

L'élevage n'est plus rentable, d'après Samba Amadou Sow et Samba Racine Ka de la maison des éleveurs. Les ressources pastorales sont en net recul du fait de la péjoration climatique et de l'avancée du front agricole. Le lait est en forte diminution et les éleveurs ne s'alimentent plus des produits du lait, ils préfèrent le commercialiser pour subvenir aux besoins quotidiens du ménage. Cela pose un problème car les productions animales pourraient impacter vivement la qualité des aliments consommés par la population.

Dans le Haut Bassin du fleuve Sénégal

Dans le haut bassin du fleuve, la situation est différente. Les populations rencontrées sont unanimes sur un point : les agriculteurs parviennent à nourrir correctement leurs familles. Durant les entretiens avec les Organisations paysannes, il a été constaté que la plupart d'entre eux parviennent à nourrir convenablement leurs familles avec leurs productions même si, pour certains, la production est annuelle.

Les récoltes sont variées et en bonne quantité. Il reste à vérifier si l'utilisation de la nourriture respecte les normes établies. Salimata Coulibaly, la chargée de la sécurité alimentaire de la structure « USAID YAAJENDE », explique que presque toutes les variétés de cultures s'adaptent et s'exploitent dans cette zone. Les populations produisent ce qu'elles consomment et consomment ce qu'elles cultivent. En plus, elles reçoivent un appui institutionnel de la structure qui leur offre des modules de formation en matière de transformation de céréales. Dans ce cadre, des actions de solidarité se développent à l'instar des repas communautaires organisés pour les enfants de six (06) mois à cinq (05) ans pour combattre la malnutrition. Elle soutient que cette action permet une valorisation des ressources naturelles pour une garantie de l'autosuffisance alimentaire. À ce titre, les femmes qui ne comprenaient pas comment établir la sécurité alimentaire commencent à s'activer davantage dans ce sens.

Le groupement des femmes du village est dans le même sillage. Madame Bathily, membre de ce GPF, soutient que si la sécurité alimentaire signifie manger à sa faim, la population de Tuabou n'est pas vulnérable puisque si elle n'arrive pas à écouler les récoltes, le reste est consommé par les familles, à raison de la valeur de 1000 FCFA par jour en nature et par famille. La population de Tuabou consomme assez d'aliments diversifiés, les ressources naturelles étant relativement bien accessibles et l'appoint de revenus tirés de l'émigration comblant tout le reste. L'élevage domestique est pratiqué, surtout en stabulation pour les bovins en vue de leur commercialisation. L'embouche bovine fait timidement son apparition. Les ovins et les caprins font également l'objet d'élevage domestique, traditionnellement, tandis que l'élevage extensif se fait par des familles peules transhumantes ou qui se sédentarisent progressivement autour du village. Le lait et les produits dérivés ainsi que la viande constituent à la fois un moyen d'enrichissement et de subsistance et d'alimentation.

La pêche traditionnelle pratiquée autour des lacs et mares. Les villageois exercent cette activité dans le but d'apporter des produits halieutiques à l'alimentation de leurs ménages. Samba Ndiaye, le représentant des pêcheurs du village, soutient qu'elle représente une activité phare dans la sécurité alimentaire locale. De l'autre côté du fleuve, dans le village malien de Gouthioubé, l'agriculture irriguée n'est pas très développée. Elle est essentiellement pluviale. Pendant l'hivernage, les populations exploitent l'arachide et le mil, le maïs, ainsi que la patate douce et les légumes en décrue pendant la contre-saison chaude. La plupart des aliments consommés proviennent du Sénégal ou de la Mauritanie.

Les récoltes ne peuvent garantir totalement l'autosuffisance alimentaire d'après le chef de village. Elles ne couvrent que 3 à 4 mois d'alimentation du ménage ; il faut donc se rabattre sur d'autres activités pour assurer la ration quotidienne. Ce village situé entre le Sénégal et la Mauritanie a un potentiel agricole inexploité faute de moyens. Le président de l'association des jeunes, Samba Nimaga, souligne que l'agriculture est la principale source d'alimentation des populations de Gouthioubé, mais que cette agriculture ne suffit pas à couvrir les besoins alimentaires des populations. Théoriquement, les villageois mangent à leur faim, mais c'est loin d'être une alimentation équilibrée, ajoute-t-il. Les femmes expliquent que les récoltes entrent directement dans l'alimentation des ménages. Elles sont obligées de compléter la dépense de 1000F à 1500F pour une bonne alimentation.

Quant à la pêche, elle participe, de façon saisonnière, à l'autosuffisance alimentaire mais ne peut constituer à elle seule un moyen de subsistance. Les ressources peuvent tout de même assurer l'alimentation du ménage parce qu'elle est saisonnière. Moulaye Séreta, représentant des pêcheurs, explique que c'est une activité très importante si elle donne les résultats escomptés. La sécurité alimentaire est loin d'être assurée surtout que la pêche n'est plus ce qu'elle fut ; elle ne constitue plus une activité fructueuse. Et ce n'est qu'en hivernage que la production est vraiment appréciable.

L'activité élevage est indispensable comme appoint important à l'alimentation. Elle permet de couvrir les besoins en lait et dérivés et en viande qui constituent, en certaines saisons, le principal produit qui accompagne la cuisson du riz et du couscous, entre autres.

En termes de sécurité alimentaire, la commune de Tafsirga est laissée en rade par l'État et les ONG dont les programmes sont plus orientés vers les régions du Nord. La dernière aide du PAM que les populations ont reçue date de 2012 et n'était a priori pas destinée à la commune.

Il est en outre important de noter l'impact et l'apport des produits forestiers dans l'équilibre alimentaire des populations, en termes de bois de chauffe et de carbonisation soumise à une autorisation préalable.

La commune de Diama a un réel potentiel. Avec de nombreuses étendues du Delta, les terres sont aptes à plusieurs cultures. Beaucoup de bailleurs investissent dans cette zone, ce qui booste l'exploitation agricole. Malgré cela, les populations jugent les moyens disponibles insuffisants. À cela s'ajoute la mauvaise répartition des terres. Les hommes et les privés occupent l'essentiel des terres au détriment des femmes et des jeunes qui sont exclus du système. Les producteurs sont conscients de l'impact de l'agriculture dans la sécurité alimentaire locale. Ainsi, ils demandent une professionnalisation des acteurs et des mesures d'accompagnement. À Dabia, la situation est différente. Le système traditionnel du foncier et le manque de professionnalisme des producteurs sont les deux causes de l'insécurité alimentaire dans cette zone. Les producteurs n'exploitent qu'une seule fois dans l'année alors qu'ils ont la possibilité d'aller en plusieurs campagnes si les calendriers agricoles étaient respectés.

À Tuabou, les producteurs s'adonnent à plusieurs cultures et il n'y a pas de problème particulier lié à l'exploitation. Les populations se nourrissent des récoltes. Il y a une sécurité alimentaire relative dans cette localité. L'alimentation est assez variée et diversifiée, en quantité suffisante et accessible à la population. L'agriculture ne garantit pas tous les besoins alimentaires des populations à Gouthioubé. Les récoltes constituent les ¾ de ce qu'ils consomment alors qu'aucun appui n'est apporté pour une meilleure exploitation des terres. Cela influe directement sur la sécurité alimentaire des populations. Les habitants soutiennent manger à leur faim mais soulignent que cette alimentation est loin d'être de bonne qualité.

La sécurité alimentaire locale dépend fortement de l'agriculture et des autres activités telles que l'élevage et la pêche.

§ 2. Difficultés et les mesures appropriées à la sécurité alimentaire

Les difficultés majeures qui freinent la sécurité alimentaire peuvent être élucidées comme suit :

- manque de professionnalisme des acteurs ;
- problème de commercialisation ;
- insuffisance des matériels techniques ;
- insuffisance des terres aménagées ;
- manque d'appui et de suivi des acteurs.

Ainsi, pour une garantie de la sécurité alimentaire, il faut :

- professionnaliser les producteurs ;
- les appuyer en moyens logistiques et techniques ;
- les former en agriculture mais aussi à la culture bio ;
- installer des chargés de sécurité alimentaire dans toutes les zones. Ces éléments travailleront auprès des producteurs et des communautés pour leur apprendre à comprendre l'importance de la sécurité alimentaire obtenue par leurs activités ;
- mettre en place des indices de mesure pour voir l'évolution de la sécurité alimentaire.

SECTION 3

LA GOUVERNANCE FONCIÈRE ÉQUITABLE AU SERVICE DE LA SÉCURITÉ ALIMENTAIRE

§ 1. De la sécurité foncière pour une production alimentaire sécure

L'enjeu essentiel, selon Philippe Lavigne-Delville, « est que les droits des producteurs sur la terre et les ressources qu'ils exploitent soient sécurisés : pouvoir paisiblement cultiver ses terres ou alimenter son troupeau sans risque de voir ses droits subitement contestés. Ceci ne passe pas nécessairement par le titre foncier ni la propriété privée. Vouloir généraliser une propriété individuelle déstructurerait les sociétés paysannes avec sans doute une exclusion massive des ayants droit familiaux, femmes et jeunes, et guère davantages en termes de productivité : c'est d'abord le contexte économique qui limite la productivité de l'agriculture et non les structures familiales. De plus, si les transactions foncières peuvent être source de conflit là où elles ne sont pas l'objet de règles claires, dans la grande majorité des cas, les facteurs essentiels d'insécurité ne sont pas liés aux droits coutumiers : ils résultent du risque de voir quelqu'un immatriculer une terre sans qu'elle lui ait été cédée explicitement par les paysans qui la détiennent, de voir un emprunteur tenter de revendiquer la propriété de la parcelle, de voir un arbitrage rendu dans un sens contesté sans raison auprès d'une autre instance. Bref, l'insécurité foncière découle du fait que certains jouent sur les contradictions entre les règles locales et la législation pour revendiquer des droits illégitimes » (Lavigne-Delville, 2003).

Un inventaire des moyens de subsistance montre des difficultés réelles dans la mise en pratique des différentes activités auxquelles s'adonnent les utilisateurs des terres du Bassin du fleuve Sénégal. Qu'il s'agisse de l'agriculture, de l'élevage, de la pêche ou de l'exploitation forestière, les contraintes subies par les usagers ont un impact négatif à la sécurité et l'autosuffisance alimentaires.

Il apparaît donc, nettement, que la production et la disponibilité de moyens de subsistance sont indissociables de la nature et de l'exercice des droits fonciers et, en définitive, de la gouvernance foncière.

L'administration déconcentrée de l'arrondissement d'Agnam Civol, au Sénégal, estime que c'est le conflit entre la coutume et la gestion formelle de la terre qui plombe la sécurité alimentaire de certaines familles à l'instar des « castes » et autres groupes vulnérables, même si le potentiel agricole est présent.

Dans le Haut Bassin, c'est toujours ce problème récurrent de la mainmise des maîtres coutumiers qui freine l'accès libre au foncier et, du coup, prive les forces vives que sont les femmes et les jeunes du développement et d'accroissement de leurs moyens de subsistance. C'est le même phénomène que l'on constate aussi bien dans la partie sénégalaise que dans la partie malienne. De même, les difficultés liées à l'insuffisance des moyens techniques ralentissent l'accroissement de l'agriculture.

En matière d'élevage, on constate que les conflits permanents de part et d'autre du bassin, liés surtout aux divagations et à l'obstruction des voies d'accès du bétail à l'eau ou aux pâturages, plombent également un bon développement des moyens de survie par cette activité.

Les produits tirés de la forêt, même si elles sont très négligeables, compte tenu du faible potentiel ligneux, constituent également une source de revenus pour les ménages en termes de bois de chauffe, charbon et autres fruits sauvages tels que les balanites aegyptiaca et le zizyphus mauritaniaca, qui, à certaines saisons, sont assez recherchés sur les marchés. Ainsi, la régénération, naturelle et assistée de la forêt et son exploitation rationnelle doivent être une préoccupation constante des populations, des autorités locales et étatiques. Des conventions locales qui cristallisent l'adhésion de tous les acteurs (éleveurs, agriculteurs, exploitants, autorités locales, étatiques, etc.) devraient être mises en place pour sauvegarder les forêts.

Le problème principal dans le bassin du fleuve du Sénégal, en lieu avec les moyens de subsistance des populations, c'est que la frange majoritaire des communautés (les femmes et les jeunes) est coupée de l'accès à la principale source de production qu'est la terre.

Le rôle des femmes, comme principal groupe vulnérable du point de vue du nombre, dans la sécurité alimentaire à travers l'agriculture, est indéniable. Toutefois, le contrôle foncier est totalement sous la tutelle des hommes : leurs pères, leurs époux ou leurs frères. Les études de la FAO confirment que s'il est vrai que les femmes sont à la base de l'essor de la petite agriculture, par une main-d'œuvre agricole permanente pour la subsistance familiale quotidienne, elles ont moins facilement accès que les hommes aux ressources telles que la terre et le crédit, les intrants et autres services qui renforcent la productivité.

Dans les pays cibles, les populations comprennent comment accéder à la terre selon la coutume. Par contre, les jeunes peuvent acquérir des terres par l'héritage et la succession, ce qui n'est pas le cas des femmes.

§ 2. Un régime juridique dualiste aux difficultés protéiformes

Dans le Delta du fleuve Sénégal, deux régimes fonciers cohabitent, ce qui rend la situation complexe. Il n'y a pratiquement plus de terres affectables dans la commune de Diama, souligne le président de la commission domaniale. MCA-S est intervenu dans cette zone pour une période relativement longue. Toutefois, il était plus question de régulariser les affectations de terres que de faire de nouvelles affectations. Évidemment, cela n'a pas été d'une grande aide pour les groupes vulnérables.

Toutes les terres distribuées dans le village de Ndiol, par exemple, vieux d'une centaine d'années, sont issues d'une opération de régularisation générale dans cette localité, car aucun membre du village n'a jamais bénéficié de terres à travers une affectation légale. C'est ainsi que trente-sept hectares ont été aménagés en 1980 par la SAED, répartis entre les populations, en raison de 0,25 hectare à chaque chef de ménage. Une seule femme était à l'époque chef de ménage, mais c'est son fils qui s'est vu attribuer les 0,25 ha. En outre, le groupement féminin a bénéficié d'une parcelle de 1 hectare 20 et celui des jeunes 0,60 hectare. Au départ, 7 hectares sur les 37 étaient destinés au GPF, mais les femmes ont librement consenti à laisser aux hommes la plus grande partie (5 ha 80) d'après l'ancienne présidente du GPF.

À l'époque, explique un notable du village, les jeunes s'étaient endettés et ne pouvaient rembourser et c'est ainsi que le groupement des femmes a épongé la dette pour s'approprier les 0,60 ha. Ainsi, aucun jeune ni aucune femme n'a bénéficié individuellement et ès qualités d'une parcelle lors des attributions de la SAED et leur répartition entre les villageois. À ce titre, un autre GIE du Delta dénommé « Aida Souka », organisation de producteurs agricoles composée de femmes et des jeunes principalement, dispose d'une superficie de plus de 15 ha affectée par l'ex-communauté rurale de Ross-Béthio. Ses membres sont au nombre de 30. Si on procède à la répartition de la superficie disponible, chaque membre exploite 0,5 ha. Or, pour la présidente, cette superficie ne saurait satisfaire les besoins alimentaires en riz d'une famille de chaque membre. Face à une telle situation, les membres de cette organisation s'activent dans le commerce et autres secteurs générateurs de revenus pour combler le déficit alimentaire.

Ainsi, par exemple, Cheikh Ndiaye, un jeune de 25 ans affilié à cette organisation, estime que son exploitation ne dépasse pas 2 tonnes de paddy par récolte. Or sa famille consomme en moyenne 4 kilogrammes de riz par jour. Cela signifie qu'avec sa récolte, il peine à satisfaire les besoins alimentaires de sa famille, d'autant plus qu'il doit prélever les frais et redevances pour les semences, l'entretien et autres postes de dépense liés à la commercialisation. Il en est ainsi des autres membres de l'OP qui ne reçoivent aucune subvention, ni aide, ni financement de la part des autorités communales et étatiques pour mener à bien leurs activités agricoles, ce qui les pousse à faire des investissements sur fonds propres.

Relativement à l'accès à la terre, les membres de cette OP pensent qu'ils sont victimes de discrimination d'autant plus qu'ils se contentent de cette petite superficie alors que l'agrobusiness bénéficie de surfaces énormes, à leur détriment. La Compagnie Agricole de Saint-Louis (CASL), par exemple, bénéficie d'une affectation de deux mille cinq cents hectares (2500 ha) de terres au niveau de cette commune.

Ainsi, les jeunes et les femmes s'activent dans la plupart du temps comme ouvriers agricoles au service de ces grands investisseurs. Ces catégories sociales peinent à avoir des affectations destinées à l'agriculture et à l'habitat. Le registre foncier de la Commune de Diama permet de confirmer la position désavantagée des jeunes et des femmes dans l'attribution de terres communales. Sur ce registre, il convient de préciser que cet élan discriminatoire au profit des hommes et de l'agrobusiness diminue considérablement la productivité et conduit à une insécurité alimentaire des exploitants familiaux, ce qui affecte les moyens de survie des populations.

Dans la vallée du fleuve Sénégal, les aménagements hydro-agricoles sont relativement nombreux. Les femmes ont accès à la terre au même titre que les hommes en ce qui concerne ces aménagements, cela étant dû à l'action des projets qui tant bien que mal tentent de réparer le déséquilibre lié à la marginalisation des groupes vulnérables dans l'accès au foncier.

Dans cette zone, aussi bien dans la moyenne que dans la haute vallée, il est avéré que c'est le chef coutumier maître de la terre qui autorise l'accès à la terre, ou qui donne dans tous les cas sa bénédiction à la commune pour l'octroi d'une terre par affectation. C'est un système foncier qui attarde la commune d'après l'administration déconcentrée.

Les femmes n'accèdent à la terre que par le biais de leur groupement. L'accès à la terre n'est pas garanti à tous, car les jeunes et les femmes ont plus de difficultés à obtenir une terre et à la sécuriser. Un certain Samba Dado avait le droit d'exploitation, il a, par la suite, partagé ses terres entre les huit localités entourant Dabia, explique Thillo Watara, la présidente du GPF de Dabia et par ailleurs présidente de la fédération des GPF de Dabia et Bokki Diawé. Trois cent trente-six (336) femmes se partagent 1 ha sur les aménagements villageois. La fédération des femmes de Dabia et de Boki Diawé regroupe 8 GPF, avec un nombre total de membres de 1780 femmes. Cette fédération a bénéficié d'une attribution de 40 ha de terre dans le casier. Avec l'Union Hydraulique, les femmes membres du GPF de Dabia ont 6 ha, destinés à la riziculture.

À Goudoudé Diobé dans la même commune, les femmes détiennent 5 ha de terre mais n'ont pas accès à l'eau, à cause de l'éloignement du fleuve. Ainsi, les femmes membres de la fédération ont du mal à accéder aux terres et aux ressources. Comme alternative, les groupements de femmes s'adonnent à d'autres activités telles que la transformation de fruits et légumes, la confection et la mise en sachet des céréales, les tontines, etc.

Dans le haut bassin du fleuve, la mainmise des maîtres de terres est toujours très forte. Cette situation rend souvent difficile l'accès des femmes et des jeunes à la terre et limite leurs sources de revenus. Au niveau de ces zones, l'agrobusiness est encore hésitant, à cause certainement des blocages et oppositions des populations locales. Les allochtones, de leur part, sont tenus de passer par les détenteurs de terres pour l'accès et l'utilisation de la terre. Or, il existe un potentiel foncier très important et prêt à supporter les projets agricoles de grande envergure.

L'accès des femmes à la terre n'a toujours pas connu d'évolution. Pour preuve, il y a quatre ans, c'est le chef de village qui leur a attribué, à travers leur GPF composé de toutes les femmes du village, un terrain de 4 ha. Quant aux jeunes, la situation diffère. M. Nimaga, président de l'ASC, explique que « Dans la commune, les jeunes ont plus ou moins accès à la terre, car la majeure partie travaille la terre de leurs parents qui n'ont plus la force (ce sont les jeunes qui gèrent les champs). La plupart du temps, les jeunes ont accès à la terre par héritage. Il est très rare de voir un jeune investir dans l'agriculture faute de moyens. Cela peut être expliqué aussi par le fait que les jeunes ne maîtrisent quasiment pas les textes qui régissent le foncier. À part le projet de reboisement que les immigrés avaient mis en place dans la zone et dont la gestion est confiée aux jeunes, il n'y a aucune activité agricole qui rassemble les jeunes ».

La même situation prévaut à Tuabou et pratiquement dans tous les villages du Gajaaga malien, sénégalais et mauritanien. La présence et le poids de la tradition sont encore récurrents. Mais la consolation vient du fait que toutes les familles disposent de terres sur les berges du fleuve, ce qui permet une agriculture de décrue pendant les deux saisons sèches, froide et chaude, pour la famille. Cela permet aussi aux femmes de trouver là un moyen d'épanouissement et d'accroissement de leurs moyens de survie, surtout à cause de l'aubaine que fournit à ce village la culture nouvelle de l'arachide de décrue. Cela contribue à accroître les moyens de subsistance des femmes et des familles.

Il n'y a donc pas de doute que la paix foncière est un gage de sécurité alimentaire. La question est celle de savoir si la boulimie foncière qui accompagne les IAGE n'est pas de nature à perturber les droits fonciers légitimes et d'ôter aux paysans leurs moyens de subsistance.

CHAPITRE II

AGRICULTURE PAYSANNE ET AGROBUSINESS : UNE COHABITATION DIFFICILE MAIS NÉCESSAIRE

Une analyse globale montrant les forces en présence et les intérêts menacés permettra de déboucher sur des pistes de coexistence entre la logique productiviste de l'agrobusiness et la logique essentiellement vivrière de l'agriculture paysanne.

SECTION 1

ANALYSE GLOBALE DE LA SITUATION DANS LE BASSIN DU FLEUVE SÉNÉGAL

§ 1. Une zone soumise aux modes de gestion irrégulière et défavorable aux petits exploitants

L'agriculture familiale reste l'épine dorsale des États et de leurs économies. En effet, organisée sous forme de petites exploitations familiales, l'agriculture produit, à ce jour, la plupart de la nourriture. Les organisations paysannes sont convaincues qu'elles peuvent assurer la souveraineté alimentaire du pays pour peu que les bonnes politiques soient en place, notamment une réforme foncière qui sécurise leurs terres. Les investissements qui se limitent uniquement à la production sans prendre en compte les autres segments, à savoir la transformation et la commercialisation qui ont toujours montré leurs limites. Il urge d'orienter les financements vers l'approche chaîne de valeur pour rendre l'agriculture familiale plus compétitive. Cette approche permettra de mieux lutter contre la pauvreté rurale.

Or, malgré la reconnaissance par les États du rôle de l'agriculture familiale dans la lutte contre la pauvreté, ils œuvrent pour sa profonde transformation en faveur notamment de l'agrobusiness. Cette volonté découle notamment de la nécessité pour les États de rentabiliser les financements réalisés avec les barrages. Aujourd'hui, l'atteinte de l'autosuffisance alimentaire dans le bassin du fleuve Sénégal est une ambition affirmée par les autorités étatiques. Elle est le moyen le plus sûr pour se prémunir contre l'insécurité alimentaire, par une production agricole capable de satisfaire les besoins et préférences alimentaires, et apte à permettre aux populations de mener une vie saine et active.

La stratégie de promotion des investissements privés n'est pas très claire dans la mesure où l'agrobusiness tant souhaité s'accapare de l'outil de production du petit exploitant agricole qui est un acteur de premier plan dans la lutte contre la pauvreté en milieu rural. Ce phénomène de l'accaparement des terres ignore totalement la contribution cruciale des petits exploitants agricoles et des éleveurs dans l'atteinte de la sécurité alimentaire. Les populations s'interrogent sur ces projets d'investisseurs en termes de superficie et d'utilisation, de la recrudescence des tensions sociales liées au foncier et, de l'exode rural, mais surtout des solutions précaires aux problèmes identifiés. Le constat est sidérant. L'installation des entreprises agricoles des promoteurs privés cache difficilement le paradoxe ambiant dont sont empreintes les politiques au regard des orientations du développement socio-économique des pays. Comment peut-on promouvoir l'agriculture d'exportation alors que les pays du Bassin n'ont pas réglé la question de leur souveraineté et de sa sécurité alimentaire dans laquelle l'agriculture joue un rôle déterminant ?

Dans le cadre du développement de l'agrobusiness, les États encouragent des arrangements dans le domaine foncier, en vue de contourner les contraintes liées à la loi (exemple du PDIDAS au Sénégal).

Les transactions foncières sont mal gérées dans les trois pays. En effet, les conditions de cession des terres ne sont pas équitables pour les populations rurales les plus pauvres et les plus vulnérables (femmes, jeunes handicapés), leurs droits à la terre et aux autres ressources naturelles sont parfois sciemment bafoués.

L'agriculture familiale est encore souvent assimilée à une agriculture extensive, associée à des techniques traditionnelles sinon archaïques et à l'absence de professionnalisme, réduite ainsi à une économie de subsistance. Autant de qualificatifs qui stigmatisent les paysans africains et entretiennent une image de profond conservatisme. Cette perception négative est étroitement associée à la permanence des droits fonciers coutumiers. On entend par gestion coutumière des terres les systèmes au sein desquels les pouvoirs locaux (villageois, lignagers, familiaux, etc.) jouent un rôle encore important dans l'affectation des terres et dans la régulation des droits d'usage. Ces droits sont profondément associés à une forme de légitimité historique et politique de pouvoirs locaux (lignage, chefferie) ou familiaux (autorité du chef de famille, droit d'aînesse), qui assure l'application de l'ensemble des règles collectives. Il s'agit le plus souvent d'assurer la coexistence des différents usages des ressources et du foncier de façon à maintenir une cohésion sociale dans le temps (Brondeau, 2014).

L'accaparement des terres, qui menace justement cette agriculture paysanne, entraîne des mouvements de révolte qui peuvent, comme en Mauritanie, au Mali et au Sénégal, connaître des issues tragiques. Les populations, faute d'être écoutées et de voir leurs aspirations prises en compte, n'ont d'autres choix que la révolte.

Les États n'ont rien à gagner en contraignant les populations rurales à entrer en rébellion. Les conditions de cession des terres ne sont pas connues, dans la mesure où les contrats signés entre l'État et les investisseurs privés ne sont pas rendus publics. L'enjeu n'est pas l'affectation des terres en soi, mais plutôt, le fait que les terres sont attribuées à des personnes étrangères à la communauté rurale et à des sociétés qui n'en ont pas droit et qui, de surcroît, ne les exploitent pas. Non seulement cette pratique viole les lois et les décrets qui organisent la gestion des terres, mais elle contribue à accentuer la misère dans les zones rurales où les populations n'avaient jadis que la terre comme moyen de subsistance. Les petites exploitations contribuent fortement à la réduction de la pauvreté et à la croissance économique, aux défis de la création d'emplois en milieu rural. Elles ont été identifiées comme étant un modèle d'exploitation apte à prendre en compte les différents défis économiques, sociaux et environnementaux. Elles ont bien résisté aux effets du changement climatique et autres pressions environnementales. Ces exploitations maintiennent l'agriculture familiale dans son rôle de secteur clé de lutte contre les mécanismes qui génèrent la pauvreté.

Les producteurs ruraux qui risquent de perdre leurs terres sont contraints de recourir à la violence pour préserver leurs droits fonciers. Le paradoxe est que l'assouplissement des conditions d'accès aux terres ne garantit pas toujours leur mise en valeur. Si certains investisseurs privés sont porteurs de projets agricoles qu'ils entendent réaliser de façon effective, d'autres, en revanche, semblent développer des stratégies visant à obtenir des gains spéculatifs à court ou à moyen terme (location des terres qui ont été concédées par les collectivités locales ou « gel » des terres, en attendant de pouvoir les vendre lorsque les prix seront plus élevés).

§ 2. Étude de la situation au cas par cas selon les pays

1. Situation au Mali

Tableau 2 : Situation globale de l'agriculture familiale et de l'agrobusiness au Mali

ÉTAT DU MALI	**EXPLOITATIONS FAMILIALES**	➢ État des lieux des exploitations familiales, avant 2000 : modèle de production agricole rarement explicité et l'agriculture traditionnelle ; ➢ Après 2000 : débat sur ce modèle sous l'impulsion des organisations paysannes aboutissant au vote de la Loi d'Orientation Agricole adoptée en 2006 ; ➢ Reconnaissance de deux (2) types d'exploitation agricole : l'exploitation agricole traditionnelle et l'exploitation agricole moderne. L'exploitation traditionnelle comprend deux composantes dont celle de l'exploitation collective ; ➢ Traduction lente de cette reconnaissance en lois et décrets et orientation vers la modernisation d'une partie des exploitations familiales pour les faire sortir du secteur informel ; ➢ Débat accru en 2004 sur les exploitations familiales, lors de l'expulsion des familles installées dans les périmètres de l'Office du Niger lors de la crise cotonnière et l'attribution des terres à des investisseurs privés ; ➢ Part prépondérante dans la production agricole du pays qui est le fait des exploitations familiales, à l'instar des autres pays de l'Afrique de l'Ouest ;

		➢ Le RGA de 2004 recensait 805 194 exploitants agricoles qui couvraient une population de 8,9 millions sur les 11,4 millions, soit 78 % de la population totale de l'époque ; ➢ 75 % des exploitations traditionnelles (familiales) sont des agro-éleveurs, 10 % des éleveurs exclusifs, 9 % des agriculteurs exclusifs et 6 % des pêcheurs ; ➢ 72 % des exploitations agricoles cultivent une superficie inférieure ou égale à 5 ha et 48 % parmi elles ont moins de 2 ha et ne cultivent que 8 % de la superficie cultivable alors que 26 % des EF cultivent des superficies entre 5 et 20 ha, cultivent 56 % des terres cultivables et pour plus de 2 ha ont 2 % des exploitations familiales qui couvrent à elles seules 15 % des terres cultivables ; ➢ Unité socio-économique multifonctionnelle de formation des jeunes et de création d'emplois ; ➢ Bénéficient d'un droit d'usage des terres qui ne peuvent être placées sous forme de sûreté auprès des banques, d'où un accès faible aux crédits. **Implications d'autres acteurs :** **I. L'État et ses démembrements pour :** ➢ L'encadrement technique pour le renforcement des capacités ; ➢ L'accroissement des inscriptions budgétaires pour l'agriculture et des apports en subventions ; ➢ La réalisation des équipements collectifs et sociaux dont les magasins de stockage, les pistes de production, l'accès à l'électricité et à l'eau, plus de diversification agricole.

		II. Les organisations paysannes (OP) et des ONG pour : ➢ Le conseil agricole mais aussi, la mise en réseau des groupements de producteurs ; ➢ La gestion des infrastructures (magasins de stockage, équipements hydrauliques…) ; ➢ L'appui pour la recherche de financement et davantage d'implication dans la commercialisation ; ➢ Les concertations pour la gestion de l'offre.
ÉTAT DU MALI	**AGROBUSINESS**	➢ État des lieux avant 2000 : modèle de production agricole rarement explicité et prédominance de l'agriculture traditionnelle (l'agriculture familiale régie par le droit coutumier) ; ➢ Après 2000 : débat sur ce modèle sous l'impulsion des organisations paysannes aboutissant au vote de la Loi d'Orientation Agricole de 2003 adoptée en 2006 avec l'encouragement des institutions financières internationales, notamment la Banque Mondiale ; ➢ Cette Loi d'Orientation Agricole censée mettre fin au blocage de l'investissement privé avec : ○ Possibilité d'octroyer des terres à des privés gratuitement ou contre paiements divers pendant 30 ans, durée des baux au Mali ; ○ L'absence de transparence caractérisant de telles transactions empêche les consultants et chercheurs d'accéder à de tels documents ;

		○ Terres fertiles à fort potentiel d'irrigation sont gérées par des organismes d'État (Office du Niger par exemple) qui sont habilités à y attribuer des baux et autres modèles de permis à des opérateurs privés que le manque de transparence empêche d'analyser ; ○ 9 sur 22 investisseurs identifiés ont l'intention de produire des biocarburants, ce qui accroît l'insécurité alimentaire et a attiré l'attention des organisations paysannes et des ONG et chercheurs ; ○ Sur 544 567 ha officiellement attribués aux investisseurs privés, 372 167 ha reviennent aux privés nationaux. Des données non officielles prenant en compte les plans d'expansion des privés indiquent un cumul de 820 000 ha. ➢ Conséquence d'une telle option : Alternances fréquentes des cycles Conflits et révoltes récurrents/répressions des populations victimes des accaparements de leurs terres ; Réduction des terres cultivables par actif dans les zones riches très convoitées à cause de la pression démographique et de l'accaparement des terres. Zone office du Niger : les terres cultivables, de 1994 et 2004, ont dégringolé de 10 ha par famille de 3 actifs à 3 ha par famille, de 10 à 15 actifs ; Nécessité de créer les cadres de dialogue et de concertation impliquant les acteurs des exploitations familiales, les pouvoirs politiques, les organisations paysannes et les privés sur la gestion foncière et la transparence afin d'éviter les menaces diverses et pour le respect des règles environnementales mais aussi, la responsabilité sociétale d'entreprise ;

<table>
<tr><td></td><td></td><td>Inscrire dans les autorisations accordées aux privés les dispositions protégeant les intérêts des communautés et la possibilité de mettre fin au bail, de façon anticipée, si le promoteur ne débute pas la réalisation de son projet, dans un délai maximum de cinq (05) ans.</td></tr>
<tr><td></td><td></td><td>Les acteurs :
En plus des nationaux, il y a les privés étrangers.
Sur le total des superficies déjà attribuées et recensées les nationaux détiennent 31,66 % et le privé étranger 68,34 %.
Sur les 22 projets identifiés, 9 concernent la production de biocarburant, ce qui ne renforce pas la sécurité alimentaire. Bénéficiaires :
-Les populations locales avec les emplois qui seront créés ;
-Les collectivités locales avec investissements dans les équipements collectifs et sociaux du fait de la responsabilité sociétale ;
-Le paiement de taxes diverses à la collectivité locale ;
-L'État et les privés locaux partenaires des investisseurs étrangers.</td></tr>
<tr><td></td><td></td><td>Zones ciblées :
Zones à fort potentiel agricole avec disponibilité de l'eau pour l'irrigation comme la zone de l'Office du Niger et les autres zones humides qui entourent le fleuve Niger. Pour le moment, la région de Kayes n'est pas touchée par l'agrobusiness.

Recommandations :
➢ Protéger les terres des exploitations familiales des nouveaux investisseurs privés locaux ou étrangers ;</td></tr>
</table>

		➢ Créer un cadre de dialogue et de concertation entre investisseurs privés et les gérants des exploitations familiales encadrés par les Organisations paysannes et les organismes étatiques spécialisés ; ➢ Fixer un délai limite de cinq (05) au plus, au-delà duquel tout promoteur qui ne commence pas son projet perd ses droits ; ➢ Fixer à partir de son bénéfice, un investissement annuel minimal à faire par le privé dans sa zone d'intervention au profit des communautés concernées, cela à cause de sa responsabilité sociétale ; ➢ Faire nouer, entre les exploitations traditionnelles (familiales) et les investisseurs privés, un partenariat pour le renforcement des capacités des actifs dans les exploitations familiales (partenariat dans la complémentarité).

Le Mali recèle des potentialités énormes en termes de production agricole, sylvicole et pastorale. Confronté à d'importantes difficultés pour mobiliser les ressources requises pour financer une stratégie ambitieuse de modernisation agricole, le Gouvernement malien a déployé des efforts concertés pour attirer des investisseurs privés et surtout, étrangers dans l'agriculture.

Toutefois, la vague d'investissements agricoles à grande échelle qui a suivi a déferlé dans un contexte national qui semble encore mal préparé pour garantir une optimisation des avantages et une bonne gestion des risques. Ainsi, la législation adoptée pour gérer les impacts sociaux et environnementaux des investissements à grande échelle s'est heurtée à d'importants problèmes de mise en œuvre. Enfin et surtout, la récente vague d'acquisitions foncières à grande échelle en vue d'investissements agricoles s'est déroulée dans un contexte de tenure foncière caractérisée par des conflits récurrents et par des soucis majeurs de gouvernance.

Au Mali, la tenure foncière est régie par deux systèmes principaux : le système formel, de droit écrit, établi par l'État, et les systèmes coutumiers, qui sont les plus répandus en milieu rural, mais diffèrent, d'un lieu à un autre. Il existe des passerelles entre les deux systèmes, par exemple lorsque les détenteurs ou acquéreurs de droits coutumiers veulent s'engager dans des procédures de formalisation en vertu de la législation nationale. Malgré les efforts de la législation nationale pour prendre en compte la diversité des cas de figure et des modes de tenure foncière, nombre de ses dispositions sont encore incomplètes, inefficaces et peu adaptées aux réalités socio-économiques locales, notamment dans le monde rural. Certaines dispositions des textes en vigueur sont tellement ambiguës qu'elles sèment la confusion et sont sources de conflits et d'abus, donc, d'insécurité foncière et, partant, de mauvaise gouvernance foncière.

Sur le terrain, de multiples pressions exacerbent la concurrence sur les terres de haute valeur et accroissent la fréquence et l'intensité des conflits fonciers entre les communautés et l'État, mais aussi entre les différentes communautés. Ces pressions ont également une incidence négative sur la qualité de la gouvernance foncière et créent des conditions favorables à la spéculation foncière et à la corruption, aux abus de toutes sortes et à l'insécurité foncière pour les groupes les plus défavorisés.

Les réponses des exploitations agricoles aux mutations économiques et institutionnelles ont été marquées par :

- une amélioration de la productivité des entrants, par exemple, une forte réduction de la quantité utilisée (plus de 60 kg pour produire 100 kg de paddy en 1993 contre environ 45 kg en 1997) ;
- une meilleure gestion des itinéraires techniques avec notamment : un respect plus strict du calendrier culturel ;
- une utilisation plus intensive de la main-d'œuvre qui permet un rééquilibrage travail capital.

Cette évolution a permis entre autres : une augmentation de la production, par unité de surface ; un accroissement (en francs CFA courant) et un assainissement du revenu global des agriculteurs avec la réduction de la part du revenu constituée à partir des impayés (crédits non remboursés et redevances hydrauliques non payées), une évolution différenciée du revenu des exploitations avec une vue améliorée (en franc courant) du revenu des petites exploitations, un marché pour la moyenne exploitation et une baisse significative pour les revenus indirects (non-remboursement du crédit ou non-paiement de la redevance).

Un succès est à mettre au crédit de l'agriculture familiale dans la zone de l'Office du Niger, souvent citée comme un exemple de réussite agricole et économique, même si, pour beaucoup d'observateurs, cette réussite reste fragile.

L'agriculture familiale produit des surplus de riz et des produits maraîchers avec un élevage fortement développé et des filières en amont et en aval qui sont bien structurées.

D'une situation de sous-exploitation des terres aménagées avec une « redistribution des affectations » des producteurs pour l'agriculture irriguée au début des années 1980, on est passé à une situation d'intensification croissante et d'une forte demande en terres aménagées, de stratégies défensives vers la sécurisation de l'alimentation familiale et le renforcement de la cohésion sociale interne, bon nombre de producteurs sont passés à des stratégies plus offensives, avec prix de risque, caractérisés par l'engagement de dépenses d'accumulation productive.

Graphique 1 : Superficies attribuées à l'agrobusiness au Mali

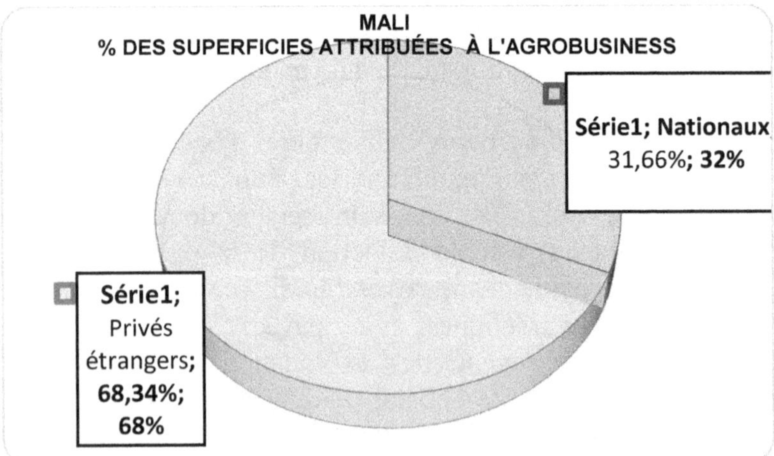

2. Situation en Mauritanie

Tableau 3 : Situation globale de l'agriculture familiale et de l'agrobusiness en Mauritanie

ÉTAT DE MAURITANIE Cadre législatif : Adoption de la Loi d'Orientation Agropastorale avec comme outil de planification la Stratégie de Développement du Secteur Rural horizon 2025 adopté en 2013 ainsi que, le Plan National de développement Agricole **(PNDA) pour la période 2015-2025**	**EXPLOITATIONS FAMILIALES**	➢ L'ordonnance de 1983 : Une loi « révolutionnaire » avec l'idée d'individualiser les rapports à la terre ; Abolition de à la tenure traditionnelle ; Toutes les terres sont domaniales. Le titre foncier consacre la propriété pour tout Mauritanien qui en fait la demande. ➢ La gestion foncière revient à l'État ; ➢ Administration foncière = 84 employés, essentiellement à Nouakchott ; ➢ Adoption de la Loi d'Orientation Agropastorale avec comme outil de planification la Stratégie de Développement du Secteur Rural horizon 2025 adoptée en 2013 ainsi que le Plan National de Développement Agricole (PNDA) pour la période 2015-2025 ; ➢ Définition de l'Agriculture familiale ou petite agriculture en Mauritanie : l'agriculture traditionnelle (sous pluie, décrue, de bas-fonds, derrière barrages, oasis), les cultures irriguées hormis l'agrobusiness et l'élevage traditionnel (excepté les systèmes pastoraux, agropastoraux, transhumants et semi-intensifs périurbains) constituent la Petite Agriculture ;

- Taille des exploitations familiales.

Syst.de culture	Type de sol	Accès/ terre	Taille parcelle/Ménage	Utilisation/produc	Main-d'œuvre
Pluvial-diéri	Sablonneux	Libre	0,5 ha	Auto-consom	Familiale
Derrière bar. B fonds	Argileux	Règlementé/statut	2 à 3 ha	Auto cons+Troc+V	Familiale
Décrue	Argileux	Règlementé/statut	2 à 5 ha	Auto cons+Troc+V	Familiale
Oasien	Sablonneux	Règlementé/statut	0,73 ha	Auto Cons+ V partielle	Familiale+Mo temporaire
Système irrigué	Argilo-sablonneux, argileux	Règlementé/statut	0,5 à 2 ha		Familiale+ sol Villageoise+MO

- Étroitesse foncière avec faibles revenus et exploitations familiales assurant dans bien des cas, une agriculture de subsistance, ce qui fait que le ratio importations agricoles/exportations agricoles atteint 729 % contre 409 % pour le Sénégal, 58 % pour le Mali et 86 % pour le Burkina Faso, montrant ainsi que 70 % des céréales consommées dans le pays sont importées (Source Informations Inter-réseaux-Nouakchott 27-29 février 2012) ;
- Faible participation au PIB 19,3 % entre 2006-2013 contre 29,4 % entre 1998-2005, soit une diminution d'environ 10 points ;
- L'élevage et la pêche y occupent une part importante dans la constitution du PIB ;

  Pauvreté rurale avec les ¾ des pauvres résidents en zone rurale où 44,4 % des ménages sont pauvres.

		Implications d'autres acteurs : **I. L'État et ses démembrements pour :** ➢ L'encadrement technique pour le renforcement des capacités ; ➢ L'accroissement des inscriptions budgétaires pour l'agriculture et des apports en subventions ; ➢ La réalisation des équipements collectifs et sociaux dont les magasins de stockage, les pistes de production, l'accès à l'électricité et à l'eau, plus de diversification agricole ; ➢ **II. Les organisations paysannes (OP) et des ONG pour :** ➢ Le Conseil agricole mais aussi, la mise en réseau des groupements de producteurs ; ➢ La gestion des infrastructures (magasins de stockage, équipements hydrauliques…) ; ➢ L'appui pour la recherche de financement et davantage d'implication dans la commercialisation ; ➢ Les concertations pour la gestion de l'offre.

		Recommandations : ➢ Application du cadre législatif et réglementaire pour promouvoir et appuyer l'exploitation agricole familiale ; ➢ Mise en place des crédits agricoles à des taux d'intérêt bonifiés remboursables entre 3 et 5 ans. ➢ Renforcement des capacités des acteurs en vue d'une diversification agricole accrue ; ➢ Intégration de l'approche genre pour l'accès des femmes aux terres, aux intrants et autres équipements ; ➢ Réalisation d'exploitations agricoles familiales multifonctionnelles intégrant les cultures de rentes, l'élevage, l'aviculture, la pisciculture, la foresterie pour le combustible ligneux et le bois d'œuvre ainsi que l'arboriculture fruitière ; ➢ Protéger les terres des exploitations familiales ; ➢ Subventionner les intrants agricoles et mettre en place des financements innovants, modernisation des exploitations familiales et mieux cibler les appuis.

ÉTAT DE MAURITANIE	**AGROBUSINESS**	➢ Cadre législatif : adoption de la Loi d'Orientation Agropastorale avec comme outil de planification la Stratégie de Développement du Secteur Rural horizon 2025 adopté en 2013 ainsi que le Plan National de Développement Agricole (PNDA) pour la période 2015-2025 ; ➢ La loi n°52/2012 portant Code des Investissements du 31 juillet 2012 garantissait aux privés diverses possibilités d'intervenir en Mauritanie, dont dans des concessions et des PPP ; ➢ D'où diverses interventions dans le domaine agricole malgré les lenteurs dans la mise en place d'un cadre législatif et réglementaire par le vote de la Loi d'Orientation Agropastorale et ses différents décrets d'application ; ➢ Ces dispositifs législatifs et réglementaires ont permis aux autorités publiques d'accueillir des investisseurs privés arabes du Golfe ; ➢ Depuis juillet 2010, l'État a accordé cinq permis à des privés dont les plus représentatifs sont : ○ L'Agence arabe pour l'investissement et le développement agricole pour **3200 ha** avec un bail emphytéotique de **25 ans** et paiement **d'un montant de 16 millions de dollars US par an** correspondant à **500 USD par an et par ha** ; ○ La firme saoudienne Al Rajhi International for Investment pour **31 000 ha**. Cette firme dispose d'un **bail de 99 ans** selon diverses sources et que son projet avec la prise en compte de **son expansion** pourrait aboutir à un investissement d'environ **un milliard de dollars US**.

		Nota : Comme un peu partout en Afrique de l'Ouest, ces contrats sont entourés d'opacités empêchant leur accès. Par ailleurs, ces attributions ont entraîné les cycles manifestation/répression de l'État avec des emprisonnements avec d'un côté, les exploitations familiales aidées par les organisations paysannes et les ONG et de l'autre côté, l'État.
		Les acteurs : I. En plus des nationaux, les privés étrangers avec diverses configurations de partenariat. II. Les superficies attribuées à des investisseurs privés connus représentent donc : **17,1 %** des terres cultivées et **0,17 %** du potentiel agricole du pays. **Bénéficiaires :** ➢ Les populations locales avec les emplois qui seront créés ; ➢ Les collectivités locales avec des investissements dans les équipements collectifs et sociaux du fait de la responsabilité sociétale ; ➢ Le paiement de taxes diverses à la collectivité locale ; L'État et les privés locaux partenaires des investisseurs étrangers.

		Zones ciblées : Zones à fort potentiel agricole, principalement la vallée du fleuve Sénégal pour sa disponibilité en eau et la Côte ouest avec la faible profondeur des nappes phréatiques. **Recommandations** : ➢ Protéger les exploitations familiales ; ➢ Créer un cadre de dialogue et de concertation entre investisseurs privés et les gérants des exploitations familiales encadrés par les Organisations paysannes et les organismes étatiques spécialisés ; ➢ Fixer un délai limite d'au plus cinq (05) ans au-delà duquel tout promoteur qui ne commence pas son projet perd ses droits ; ➢ Fixer à partir de son bénéfice, un investissement annuel minimal à faire par le privé dans sa zone d'intervention du fait de sa responsabilité sociétale ; Faire nouer, entre les exploitations traditionnelles (familiales) et les investisseurs privés, un partenariat pour le renforcement des capacités des actifs dans les exploitations familiales (partenariat dans la complémentarité).

Il apparaît clairement que le secteur agricole occupe une place importante dans le développement de la Mauritanie, à plusieurs égards. Il a constitué, particulièrement à partir de la sécheresse des années 1970, une priorité dans le cadre des politiques suivies par l'État. Durant les 15 dernières années, le Cadre Stratégique de Lutte contre la Pauvreté (CSLP) a fait de la promotion du secteur rural un axe majeur d'intervention compte tenu de son haut potentiel de lutte contre l'insécurité alimentaire et la pauvreté bien que cette dernière soit un phénomène essentiellement rural au niveau du pays.

En effet, le secteur rural dont les ressources restent insuffisamment valorisées (produits et sous-produits de l'élevage notamment) continue à contribuer significativement au PIB, à l'emploi et à l'alimentation.

En Mauritanie, le potentiel de terres agricoles est estimé à **513 000 ha**, tous systèmes de culture confondus. Selon les différents systèmes de production, le potentiel le plus important est celui de l'agriculture pluviale (diéri) avec 250 000 ha (près de la moitié du total) exploitables pour la production du sorgho, du mil, du maïs et des légumes. Quant à l'agriculture irriguée, son potentiel qui est de 135 000 ha représente plus du quart (26 pour cent) de la superficie totale agricole exploitable. Les cultures irriguées pratiquées essentiellement dans la Zone de la vallée du fleuve Sénégal concernent les cultures du riz, du maïs, du sorgho, des légumes et des fruits.

Les superficies aménagées, jusqu'à mars 2015, ont atteint **61 986** ha et sont principalement situées dans la Wilaya du Trarza. Les périmètres publics aménagés par l'État au profit de plusieurs collectivités (les grands périmètres) occupent plus de 13 pour cent de la superficie aménagée ; les périmètres collectifs aménagés par les coopératives villageoises avec l'appui et l'encadrement de l'État (à travers la SONADER, en général) 29 pour cent environ, tandis que les périmètres privés réalisés par des promoteurs privés sur fonds propres occupent 58 pour cent de la superficie totale.

L'aménagement et la qualité des équipements de la plupart de ces périmètres n'ont pas été réalisés dans les règles de l'art. Aussi, nombre d'entre eux sont peu exploités ou ont été abandonnés. C'est ainsi qu'à titre d'exemple, en 2007, sur les 61 986 ha potentiels théoriques, seuls 15 119 ha ont été cultivés, soit à peine 25 pour cent. Ce chiffre a atteint 36 503 ha en 2013-2014, mais c'est en additionnant les superficies de l'hivernage et des deux contre-saisons, soit 24 807 + 10 654 + 1 042. Faut-il signaler que les campagnes agricoles de contre-saison sont faites sur les mêmes superficies que pendant l'hivernage. En fait, ce sont seulement 40 pour cent des surfaces dites aménagées qui sont emblavées.

L'analyse de la situation en Mauritanie montre qu'en 2008, il y avait 42 % de pauvres. La croissance économique, tirée par le secteur minier (fer, cuivre et l'or) et dans une moindre mesure par la pêche, l'agriculture et l'élevage, a permis d'arriver à 46,7 %, le pourcentage d'individus vivant au-dessous du seuil de pauvreté.

L'extrême pauvreté (estimée à 25,9 % en 2008) a diminué. La pauvreté demeure massivement un phénomène rural (59,4 % alors qu'au niveau national, il s'élève à 43,2 %).

On estime qu'environ un quart de la croissance économique entre 2000 et 2017 dans les pays à revenu faible et même intermédiaire proviendrait des améliorations enregistrées en matière de sécurité alimentaire et de productivité agricole.

Les investissements agricoles à grande échelle y contribuent fortement. Le retour sur investissements dans ce secteur est estimé à 8 pour 1, d'où son attractivité. On relève en Mauritanie, rien qu'au niveau des Wilaya du Trarza, du Brakna, du Gorgol du Guidimagha et du Tagant, c'est-à-dire dans la zone d'intervention de la SONADER (Société Nationale de Développement Rural) ; 915 coopératives dont 536 coopératives villageoises, composées essentiellement d'hommes chefs de ménages et attributaires de 379 coopératives dites féminines, composées exclusivement de femmes qui s'activent essentiellement dans les jardins maraîchers.

Les superficies concernées sont de 85 763 ha dont 20 588 ha en irriguée et 65 175 ha en décrue, pour une production annuelle en paddy de l'ordre de 38 % de la production nationale et de l'ordre de 18 % de la production nationale en céréales.

On relève à ce titre, une expérience intéressante de mobilisation des femmes paysannes en Mauritanie. En effet, avec l'appui d'OXFAM et de l'UE, les capacités des organisations paysannes ont été renforcées pour leur mobilisation en faveur de la protection de leurs droits à la propriété foncière.

Cette importante expérience a, entre autres, permis d'aboutir à :

- l'émergence de réseaux d'organisations de jeunes et de femmes ;
- au déclenchement de campagnes sous-régionales, avec des caravanes autour des problématiques d'accès à l'eau, aux semences, à la terre ;
- la tenue de journées et de campagnes de sensibilisation sur les droits fonciers des populations autochtones ;

- la mobilisation de groupes vulnérables dans la lutte pour l'égalité des droits (minorités et couches vulnérables, esclaves, rapatriés, déportés) ;
- l'accompagnement des partenaires aux mouvements (OXFAM, le ROSA et la FONADH).

L'ensemble de ces initiatives a abouti à une sorte de moratoire, sinon à la suspension de ces attributions anarchiques des terres, sans concertation avec la société civile.

En effet, une politique régionale communautaire de régulation foncière est possible, à partir des expériences en cours, et des réponses face à la problématique des investissements à grande échelle et des exploitations agricoles familiales.

Graphique 2 : Superficies attribuées à l'agrobusiness en Mauritanie

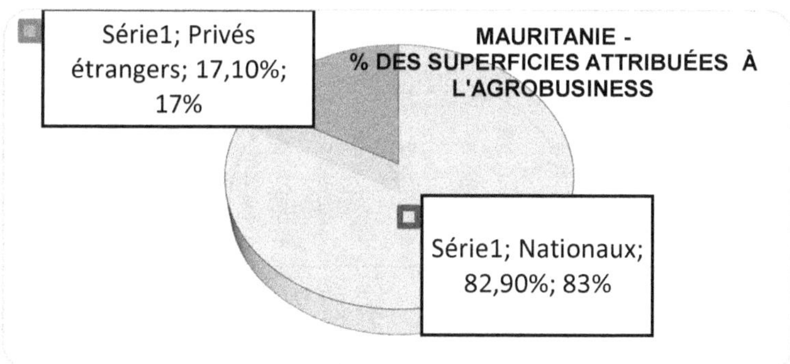

3. Situation au Sénégal

Tableau 4 : Situation globale de l'agriculture familiale et de l'agrobusiness au Sénégal

ÉTAT DU SÉNÉGAL	**EXPLOITATIONS FAMILIALES**	État des lieux des exploitations familiales, avec la loi de 1964 sur le domaine national : ➢ **95 %** des exploitations agricoles sont de type familial (source IPAR Rural Struc, 2007) ; ➢ Unité socio-économique multifonctionnelle de formation des jeunes et de création d'emplois ; ➢ Les exploitations familiales nourrissent **70 %** des populations de l'Afrique de l'Ouest (source CNCR, Rapport shon 2 août 2014) ; ➢ Bénéficient d'un droit d'usage des terres qui ne peuvent être placées sous forme de sûreté auprès des banques, d'où un accès faible aux crédits ; ➢ Exploitent de faibles assiettes foncières ; **70 %** des EF cultivent **33 %** des terres exploitées avec moins de **5 ha/EF** ; plus précisément **21 %** ont moins de **0,5 ha**, **30 %** ont entre **1,0** à **3,0** ha et **51 %** ont moins de 3 ha ; ➢ Sous-utilisation des terres irrigables avec seulement **76 000** ha exploités sur un disponible de **350 000** ha selon la SAED dans la vallée et remontée d'eau salée dans les embouchures des fleuves Gambie, Saloum et Casamance qui limitent renchérit les possibilités d'agriculture irriguée ;

		➢ Pour l'activité pastorale, diminution selon la FAO, des aires de pâturage de 50 000 ha par an : ce qui contribue à l'appauvrissement des éleveurs qui paient plus cher l'alimentation du bétail ; ➢ La pêche artisanale connaît, elle aussi, une crise majeure avec la raréfaction de la ressource qui fait que les acteurs parcourent des distances plus grandes et augmentent leur coût de transport ; ➢ Ignore l'approche genre pour l'accès des femmes aux terres, intrants, équipements agricoles et semences ; ➢ Existence de rares initiatives de concertation avec les agro-industries (exemple SOCAS-GIE locaux).
		Implications d'autres acteurs : **I. L'État et ses démembrements pour :** ➢ L'encadrement technique pour le renforcement des capacités ; ➢ L'accroissement des inscriptions budgétaires pour l'agriculture et des apports en subventions ; ➢ La réalisation des équipements collectifs et sociaux dont les magasins de stockage, les pistes de production, l'accès à l'électricité et à l'eau, la diversification agricole.

		II. Les organisations paysannes (OP) et des ONG pour : ➢ Le Conseil agricole, mais aussi la mise en réseau des groupements de producteurs ; ➢ La gestion des infrastructures (magasins de stockage, équipements hydrauliques…) ; ➢ L'appui pour la recherche de financement ; ➢ Les concertations pour la gestion de l'offre.
		Recommandations : ➢ Application de la Loi d'Orientation Agro-Sylvo-Pastorale de 2004 qui a inscrit « l'appui à la promotion de l'exploitation agricole familiale, comme une priorité de l'État ; ➢ Mise en place des crédits agricoles à des taux d'intérêt bonifiés remboursables entre 3 et 5 ans ; ➢ Renforcement des capacités des acteurs en vue d'une diversification agricole accrue ; ➢ Intégration de l'approche genre pour l'accès des femmes aux terres, aux intrants et autres équipements ; ➢ Réalisation d'exploitations agricoles familiales multifonctionnelles et diversifiées intégrant les cultures de rente, l'élevage, l'aviculture, la pisciculture, la foresterie pour le combustible ligneux et le bois d'œuvre ainsi que l'arboriculture fruitière ;

		➢ Protéger les terres des exploitations familiales des nouveaux investisseurs privés locaux ou étrangers en imposant dans les contrats de bail une clause qui permettra la résiliation par anticipation de ces contrats, si dans un délai d'au plus cinq (05) ans, l'investisseur privé ne démarre pas les réalisations pour lesquels il se serait engagé.
ÉTAT DU SÉNÉGAL	**AGROBUSINESS**	État des lieux de l'agrobusiness depuis le vote de la loi de 1964 sur le Domaine national : ➢ Cadre institutionnel jugé non propice à l'investissement privé dans le domaine agricole et dans les industries et le tourisme selon les institutions financières internationales notamment la Banque Mondiale ; ➢ Élaboration de la Loi d'Orientation Agricole de 2004 censée mettre fin au blocage de l'investissement privé avec : o Possibilité, pour le Chef de l'État, d'octroyer des terres à des privés contre paiement d'une redevance annuelle pendant au moins 15 ans ou pendant au plus 50 ans ; o Seules les terres qui n'intéressent pas l'État à travers son agence dédiée seront gérées par les communautés rurales devenues communes avec la réforme de l'Acte 3 de la décentralisation ; o Délai de dix (10) ans accordé aux communes pour le recensement et l'établissement des plans d'occupation et d'affectation des terres de leur terroir, afin de permettre aux exploitations familiales de transformer leur droit d'usage jadis gratuit, en titre foncier, moyennant paiement à la collectivité locale pour

		ensuite pouvoir les placer sous forme de sûreté auprès d'organismes de financement et moderniser leurs activités. ➢ **Conséquence d'une telle option** : Irruption des investisseurs privés et des affairistes politico-religieux pour s'accaparer des terres dans le cadre de projets divers. Acquisition massive de terres agricoles au Sénégal entre 2003-2004 pour 844 976 ha, soit 8,9 % des terres cultivables qui sont estimées à 9 504 000 ha selon la FAO. Les projets solaires non pris en compte pour 1000 ha environ.
		Les **acteurs** : En plus des nationaux, il y a les privés étrangers. Sur le total des superficies déjà attribuées et recensées, les nationaux détiennent **16,9 %** et le privé étranger **83,1 %**. Sur les 40 projets objet du recensement, 14 en standby et 01 avec procès en cours, ce qui démontre l'amateurisme de certains de ces acteurs dont les projets ne sont pas arrivés à maturation et un manque de concertation avec les populations locales. **Les bénéficiaires :** Les populations locales avec les emplois qui seront créés ; Les investissements dans les équipements collectifs et sociaux du fait de la responsabilité sociétale ; Le paiement de taxes diverses à la collectivité locale.

		Zones ciblées : La vallée du fleuve Sénégal **Recommandations** : ➢ Protéger les terres des exploitations familiales des nouveaux que sont les privés locaux ou étrangers ; ➢ Créer un cadre de dialogue et de concertation entre investisseurs privés et les gérants des exploitations familiales encadrés par les Organisations paysannes et les organismes étatiques spécialisés ; ➢ Fixer un délai limite d'au plus cinq (05), au-delà duquel tout promoteur qui ne débute pas les réalisations pour lesquelles il se serait engagé pour son projet perd ses droits ; ➢ fixer à partir d'un pourcentage de son bénéfice, un investissement annuel minimal à faire par le privé dans sa zone d'intervention, du fait de sa responsabilité sociétale.

L'agriculture est l'activité économique dominante dans la zone de la vallée du fleuve Sénégal. Introduite timidement dans les années 1960, l'agriculture irriguée s'est développée progressivement à partir des années 1970, à la faveur du recul de l'agriculture pluviale, sous l'effet de la sécheresse. Elle devient prépondérante comme type d'agriculture chez les paysans de la zone à partir de la mise en service du barrage de Diama sur le fleuve Sénégal, qui consacre la quasi-disparition des cultures de décrue.

Le potentiel irrigable dans la vallée du fleuve Sénégal est estimé à 240 000 ha. La superficie totale aménagée dans la zone est de l'ordre de 100 000 ha, mais les superficies réellement exploitées sont inférieures. La culture du riz pratiquée en hivernage et en contre-saison chaude prédomine très largement, quoiqu'on observe une diversification croissante des cultures. En dehors de la canne à sucre de la Compagnie Sucrière du Sénégal (CSS), se développent surtout, la tomate industrielle et l'oignon (région de Saint-Louis), la patate douce (autour du Lac de Guiers) et diverses autres cultures de moindre importance (gombo, aubergine, pastèque, arachide, sorgho).

Ce système entraîne l'extension des zones de culture au détriment des parcours pastoraux ou des aires protégées. Des conflits surgissent du fait de la « divagation des animaux » (Magrin, 2006).

Jusqu'en 1987, l'essentiel des aménagements de la vallée du Sénégal étaient de grands et moyens périmètres financés par l'État. Ils étaient mis en valeur par des exploitations paysannes installées et encadrées par la SAED qui détenait les terres du Delta classées comme zone pionnière depuis 1965. Avec les politiques de libéralisation, la zone pionnière du Delta a été reversée en 1987 dans les zones de terroirs qui sont gérées par les collectivités locales. Le désengagement de la SAED et la réduction des moyens d'investissement de l'État ont favorisé le développement de périmètres privés aménagés par des promoteurs individuels ou organisés en GIE (familial ou collectif) sur des terres affectées par les conseils ruraux.

Malgré leur importance, la très grande majorité des superficies affectées n'est pas mise en valeur. Pour les périmètres aménagés par l'État et surtout ceux réalisés par les privés, les taux de mise en valeur par campagne sont très faibles, en dehors de l'hivernage. Les superficies aménagées sont partiellement exploitées en raison de la dégradation résultant d'un manque d'entretien, de défauts d'aménagement, de la salinisation des sols et de l'absence d'un réseau de drainage. Ainsi, pour l'ensemble de la rive gauche, les superficies exploitées sont passées de 47 467 en 2006 à 73 844 en 2013, selon la SAED.

Autour du Lac de Guiers, les agro-industries ont exploité 23 596 ha durant la campagne 2014/2015 et les exploitations familiales 9 646 ha, y compris environ 3 600 ha de casiers rizicoles (étude OLAG, 2016).

À partir de 2008, le renforcement de la politique libérale dans l'agriculture et le lancement du programme GOANA ont favorisé une multiplication des affectations de terres à des Sénégalais, surtout l'élite intellectuelle et économique au détriment des populations locales, mais également à des investisseurs étrangers. Le décompte des affectations faites par 8 communautés rurales du Delta en fin 2012 se chiffre à 316 435 ha. Beaucoup de ces affectations portent sur des terres sableuses dévolues aux pâturages et à l'élevage. Cela a exacerbé les conflits agriculteurs/éleveurs, du fait de l'avancée du front agricole. Ces transactions foncières ont suscité des oppositions parfois violentes qui ont conduit aux événements dramatiques de Fanaye, ainsi qu'à la mobilisation des populations contre le déclassement de la réserve du Ndiael et son affectation partielle par l'État à une société étrangère. Dans un tel contexte, les crises alimentaires continuent à se succéder au Sénégal (2008, 2012, 2014).

Dans cette situation, la stratégie de renforcement de « la sécurité alimentaire » portée par les États et institutions de développement est souvent basée sur des politiques nationales, régionales ou internationales à court terme, visant l'accroissement d'une production agricole peu diversifiée (stratégies productivistes d'autosuffisance impliquant le recours à l'intensification de l'usage des produits chimiques) qui ne parviennent « *pas à améliorer la sécurité alimentaire, ni à assurer une durabilité sur le plan environnemental*[24] ».

Les exploitations familiales au Sénégal ont une forte capacité de production. Par exemple au niveau de certaines filières comme l'oignon, la production actuelle permet au pays de couvrir ses besoins sur une période de 8 mois sur 12 avec des pics entre mars et juin.

Avec le développement de l'irrigation, notamment dans la vallée du fleuve Sénégal, les superficies emblavées ont augmenté et les performances de la filière riz se sont améliorées. En effet, la production essentiellement alimentée par les exploitations familiales est passée de 312 000 tonnes en 2009/2010, 336 000 en 2010/2011, à près de 370 000 tonnes en 2011/2012, à plus de 600 000 tonnes en 2014 et à 950 779 tonnes en 2016 au moment où la demande du marché sénégalais est estimée à 1 200 000 tonnes. Ceci illustre le potentiel des exploitations familiales à faire face aux besoins nationaux. Par exemple, les rendements notés dans les exploitations enquêtées varient entre 4,5 et 6,7 tonnes/ha. Les résultats de l'enquête montrent que le taux d'autoconsommation du riz peut atteindre 69 % de la

---

[24]Institute for Agriculture and Trade Policy (IATP).

production, c'est le cas, par exemple, de Lampsar dans le Delta.

Les exploitations familiales contribuent à organiser les marchés locaux de produits alimentaires selon une approche d'échelle qui va du ménage au national, en passant par le village ou le hameau, la commune (là où elle existe), le pays, la sous-région, la région, etc. Elles contribuent à l'Economie sociale et solidaire dans la mesure où leurs activités s'accompagnent d'une meilleure redistribution des ressources générées. En permettant l'approvisionnement des marchés locaux, les exploitations familiales participent à la sécurité alimentaire des communautés locales ou, du moins, à ses composantes, disponibilité et accessibilité.

Ces performances permettent aux exploitations familiales de prendre en charge une partie des dépenses de campagne et de mobiliser au besoin le reste des fonds nécessaires auprès des institutions financières. Avec le désengagement de l'État, les exploitations familiales réalisent elles-mêmes entre 60 et plus de 90 % des investissements nécessaires pour leurs facteurs de production. Elles y arrivent grâce à des stratégies telles que la diversification culturale, l'échelonnement de la production en relation avec les opportunités de mise en marché, permettant ainsi de profiter d'un meilleur prix et de financer d'autres cultures.

Les entreprises agricoles sont une catégorie d'exploitation ayant certaines spécificités. Elles sont minoritaires et se retrouvent principalement dans la zone du Delta, au niveau de la filière riz et autour du Lac de Guiers, au niveau de la filière patate douce. Ce qui les distingue principalement des exploitations familiales est la taille supérieure des superficies exploitées (entre 300 et 1000 ha), leur insertion dans le marché et leur rapport même avec ces dernières.

Comme les exploitations familiales classiques, les entreprises agricoles familiales ont généralement accès au foncier en s'appuyant sur les pratiques traditionnelles. Les détenteurs de ces entreprises, le plus souvent originaires de leurs territoires d'implantation, s'appuient sur leurs propres ressources foncières ou celles des membres de leurs familles pour démarrer. Avec des expériences et des approches différentes, ils mettent ensuite à profit leurs connaissances du milieu et leurs réseaux avec les producteurs et les collectivités locales, pour augmenter leurs superficies exploitées.

La plupart des entreprises agricoles familiales enquêtées sont le résultat de l'initiative de fortes personnalités, même si elles ont des trajectoires différentes. Elles se caractérisent toutes par la volonté d'acteurs locaux de s'investir dans la production agricole. En l'absence d'accompagnements publics, les initiateurs de ces entreprises se sont majoritairement appuyés sur les membres de leurs familles et leurs proches, pour se lancer dans l'aventure.

Si certaines entreprises agricoles familiales se sont appuyées sur les cercles familiaux, d'autres ont utilisé leurs réseaux associatifs pour se lancer.

Ainsi, les entreprises agricoles familiales se caractérisent par leur capacité à s'adapter au contexte. Elles ont toutes commencé à émerger au lendemain de désengagement de l'État et particulièrement de la SAED. Face à la crise du secteur agricole, elles ont su mettre à profit leur crédibilité auprès des banques pour occuper le créneau des fournisseurs d'intrants auprès des exploitations familiales.

Ce positionnement des entreprises agricoles familiales leur a permis d'occuper toute la chaîne de valeur du riz. En effet, ces entreprises disposent de tout un réseau de producteurs locaux pour alimenter leurs unités de transformation. D'ailleurs, ces entreprises investissent beaucoup sur les exploitations familiales avec lesquelles elles ont des contrats d'achat en contrepartie d'une mise à disposition d'intrants agricoles.

Il apparaît ici que dans leurs modèles d'affaires, les entreprises agricoles familiales s'appuient beaucoup sur les financements des banques pour assurer leur approvisionnement. Par exemple, en 2015, la CNCAS avait mis en place une ligne de crédit de 6 mois, ce qui n'avait pas permis aux entreprises agricoles familiales d'atteindre leurs objectifs. Face à cette difficulté, la durée du crédit a été rallongée de 3 mois avec des intérêts supplémentaires, c'est ce qui justifie qu'en 2016, la durée du crédit a été négociée pour 9 mois. La collaboration entre les entreprises agricoles familiales et la CNCAS est soumise à la disponibilité d'un agrément de la banque. Ainsi, si l'année dernière, 27 structures étaient agréées, cette année, ce ne sont que 7 entreprises agricoles d'entreprises qui le sont.

Bien que ce modèle d'exploitation semble rentable, il présente néanmoins le risque de maintenir les petites exploitations familiales dans un système de dépendance et de favoriser l'accroissement des inégalités entre les producteurs, via une concentration des profits au niveau des familles dirigeantes.

Les exploitations familiales génèrent près de 70 % de la production agricole nationale. Elles ne peuvent pas continuer à produire pour satisfaire les unités de transformation industrielle dans un contexte où la sécurité alimentaire n'est pas encore totalement résolue. L'agriculture familiale et les agricultures industrielles ne s'opposent pas en réalité, dans la mesure où toutes les deux sont présentés sur le marché et contribuent à la subsistance des populations.

L'important est de positionner les exploitations familiales et de renforcer leur insertion dans le marché agricole par des mesures idoines et spécifiques de nature à les consolider.

Graphique 3 : Superficies attribuées à l'agrobusiness au Sénégal

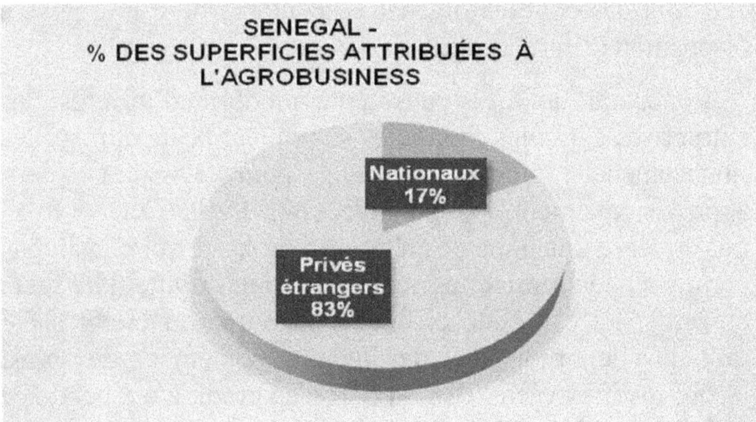

SECTION 2

OPPORTUNITÉS D'INFLUENCE ENTRE AGROBUSINESS ET AGRICULTURE FAMILIALE

§ 1. Objectifs et partenaires financiers

Au moment de proposer une définition des objectifs des investissements à grande échelle, trois remarques essentielles s'imposent. Généralement, le discours sur l'agrobusiness insiste sur les objectifs et les bienfaits pour les populations, notamment pour :

- moderniser l'agriculture ;
- rééquilibrer le territoire ;
- garantir la sécurité alimentaire ;
- développer toutes les régions ;
- promouvoir des complexes agricoles viables ;
- lutter contre l'exode rural et l'émigration clandestine ;

- construire des métropoles d'équilibre, des villes moyennes ou des bassins agricoles, etc.

Ces objectifs sont à la fois globalisants et ambitieux et impliquent des données de toutes sortes, démographiques, socio-économiques, sociales, culturelles, traditionnelles, etc.

Il y a également des domaines où l'action des pouvoirs publics peut se faire ou non sentir. Ces discours donnent parfois l'illusion de la toute-puissance de la politique. Mais, quand on analyse, il peut aussi mettre en évidence, au regard des enjeux, la limitation des moyens administratifs et financiers disponibles.

Les lois de décentralisation dans les différents pays arriment cette impression. Les investissements à grande échelle se jouent sur plusieurs scènes superposées. Les États eux-mêmes, n'occupant que la plus haute sphère, sans pouvoir imposer aux autres acteurs, l'unité d'action. Les investisseurs ont, eux aussi, leurs stratégies et attendent des retombées.

Il existe, en effet, plusieurs acteurs autres que l'État, engagés dans des logiques complexes, contradictoires, avec des enjeux financiers énormes.

Nos États ont travaillé en permanence par les effets d'une profonde mutation économique et sociale. Insensiblement, souvent souterrainement, parfois, il est vrai, spectaculairement, le paysage foncier change. Des investissements se développent à grande échelle sur de grands projets d'agrobusiness de grande envergure et sur une longue durée (Sen huile, CSS, Africa Parteners au Sénégal : Sociétés marocaines et saoudienne en Mauritanie).

Il s'agit de les maîtriser, de les infléchir pour avoir une maîtrise foncière ou de faire face à la révolte des populations.

Cela exige des mesures précises, mais aussi une attitude qui ne soit pas de simple défensive.

Ces attitudes exclusivement défensives ne peuvent que compromettre les opportunités potentielles que peuvent offrir ces investissements à grande échelle, par exemple, en matière de sécurité alimentaire.

§ 2. La question de l'accaparement des terres dans l'agrobusiness

La façon la plus subtile d'enfermer les investissements à grande échelle dans cette voie sans issue est de faire un parallèle systématique entre les initiatives d'hier dans ce domaine et celles qu'on voudrait lui imposer aujourd'hui, de même qu'ils ont pris en charge, hier, la diminution de la population agricole, de même, ils devraient aujourd'hui et dans le long terme, prendre en charge la totalité des terres.

Il y a là, un parallélisme tentant sur le plan théorique. Il faut s'en méfier. Les investissements à grande échelle ne sont pas synonymes, forcément, d'accaparement des terres. Certes, ils peuvent engendrer des accaparements des terres et en engendrent d'ailleurs.

D'une part, l'analyse économique des grands investissements agrobusiness ne conduit pas à penser que le phénomène ne revête pas plus demain qu'aujourd'hui, une ampleur comparable identique dans chacun des pays.

Les processus de production connaissent de profondes mutations qui bouleversent la cartographie des emplois et diminuent globalement, le nombre d'exploitations familiales qui sont directement attachées à la production pour la sécurité alimentaire des populations.

Celles qui sont les plus impactées par les effets néfastes de cette politique d'accaparement des terres sont bien les femmes : plusieurs de leurs groupements victimes de ce phénomène cherchent à obtenir le respect de leurs droits.

C'est également le cas de certaines communautés villageoises qui n'ont plus d'espaces à réserver à leurs morts (des cimetières).

En outre, ces investissements massifs privent nombre d'éleveurs, du droit d'accès à des couloirs de transmission pour le pâturage de leurs troupeaux.

Mais, en grande partie, les investissements agricoles (agrobusiness) participent à une transformation interne et à la modernisation agricole qui vise aussi, à adapter le secteur agricole à un nouvel âge technologique.

Le terme « agrobusiness » est donc porteur quelque part, d'une illusion pernicieuse, dans la mesure où, au lieu de rendre compte du mouvement actuel de rénovation et de modernisation du secteur agricole, véhicule la conviction erronée de son déclin, via l'accaparement des terres et la boulimie foncière.

D'autre part, l'impact de l'agrobusiness sur les exploitations familiales n'est pas comparable et pareil partout, y compris sur le phénomène agricole. Il faut donc, les étudier au cas par cas.

Il s'agit, d'une façon générale, de changements de mutations et de mouvements et réalités internes, à l'intérieur de la population et des terroirs ruraux qu'il faut nécessairement encadrer au plan institutionnel et juridique.

En termes économiques, comme en termes démographiques, les impacts de l'agrobusiness doivent être étudiés au plus proche des réalités de terrain, sur place. Si l'agrobusiness pose des problèmes au foncier et aux exploitations agricoles familiales, il convient de les analyser.

Toutefois, le problème sort du cadre local, quand la mutation induite par l'agrobusiness fait dépérir les activités agricoles sur lesquelles vivait tout un village ou toute une communauté. Il est alors nécessaire, au nom de la solidarité nationale et du rôle de l'État, garant de la cohésion sociale et territoriale de la nation, que soient entreprises toutes les mesures qui consistent à empêcher que le dépérissement de telles ou telles activités, des exploitations agricoles n'entraînent outre la « mort » d'un village, d'une communauté ou encore l'insécurité alimentaire des populations au foncier et aux exploitations agricoles familiales. C'est d'abord au niveau de la désaffection des terres aux populations rurales, mouvements de cession du foncier au détriment des générations futures, dépossession des terres aux plus jeunes, spéculations foncières, mouvement entre les leaders locaux, chefs traditionnels, avenir du patrimoine foncier des villageois, qu'il faudra s'attaquer.

Parfois, l'agrobusiness peut, en fonction des ressources humaines, de la situation géographique de la vie économique, être un atout important. Il faut faire un bilan, coût-avantage (étude comparée de la proportionnalité entre avantages et inconvénients).

Le devoir de l'État est d'éviter que les exploitations familiales périclitent. Il y a lieu de veiller, à ce que leurs difficultés n'atteignent pas toutes les exploitations agricoles familiales, au point de les asphyxier.

Un plan de sauvegarde pourrait s'avérer nécessaire.

Lorsque les agrobusiness permettent la création d'emplois, il faut aussi garantir et protéger les exploitations familiales agricoles qui ont, pendant des générations, protégé la sécurité alimentaire.

Au fond, il ne s'agit pas seulement de remplacer des postes de travail, par d'autres, mais de créer de toutes pièces, un tissu économique et social, diversifié, capable de résister à l'insécurité alimentaire. Un tissu qui, maints exemples le prouvent, ne se créera pas toujours seulement avec les hommes et les femmes, dont on cherche à régler le problème.

Du point de vue de l'État, comme du point de vue des collectivités territoriales, il faut veiller à ce que les politiques de gouvernance foncière ouvrent des perspectives d'avenir et agissent sur les ressorts de l'avenir, pour lutter contre la pauvreté et l'insécurité alimentaire.

Dépenser son énergie et ses crédits sur la maintenance du passé, quels que soient les résultats ponctuels, ne pourrait que détourner la gouvernance inclusive, démocratique et efficace du foncier de sa véritable vocation et de sa fonction.

Pour que les mutations nées de l'agrobusiness, qui comportent des conséquences sur les exploitations agricoles familiales soient vécues sans drames, il faut encadrer la mobilité, et les mutations en cause, maîtriser les conséquences néfastes.

Il faudrait que là où il y a difficulté, soit exploitée au maximum la possibilité de la mobilité des populations lorsqu'elle s'avère indispensable, pour assurer la sécurité alimentaire.

Cela suppose de réunir les conditions d'une mobilité harmonieuse, à travers un aménagement équilibré au plan local, avec une distribution équitable de la terre.

Permettre aux populations de vivre et de travailler dans leurs terroirs, d'y assurer des revenus décents et d'éviter l'immigration risquée : cela constitue un défi majeur.

L'environnement économique global doit être régulé pour un remodelage des activités qui entraînerait nécessairement la mobilité des hommes tant au plan géographique que professionnel. L'essentiel, pour l'État, est d'en alléger les contraintes, y compris d'ordre psychologique.

Il n'est absolument pas vrai que toute mobilité soit une perte, un déracinement. Certaines mobilités qui affectent des populations rurales disposant d'un bon niveau d'emploi dans l'agrobusiness sont sources de progression, d'enrichissement. Il s'agit donc, d'une incitation, plutôt que d'un dirigisme.

La politique de gouvernance foncière doit aider à mieux vivre cette mobilité, par une politique foncière et d'infrastructures favorisant toutes les formes de communication, mais aussi en réduisant certaines difficultés spécifiques. L'accès aux services sociaux de base est une étape importante.

Les incitations à l'accroissement des investissements à grande échelle ont naturellement accru les rigidités et fragilisé les exploitations agricoles familiales (voir plus haut), en même temps qu'elles ont exacerbé les tensions sociales.

Elles ont leur justification, mais elles ne doivent pas s'opposer à la création d'un vaste et fluide marché en faveur des productions locales et des exploitations familiales.

L'exode rural demeure encore, aujourd'hui, un fait central du territoire foncier, auquel sont confrontés tous les États du Bassin du fleuve Sénégal.

Il est visible à l'œil nu : en termes démographique : Dakar, Bamako, Nouakchott et la banlieue sont peuplées du fait de ce phénomène. Cette prépondérance quantitative est spectaculaire. Elle se double de l'existence d'enjeux qui font sentir ses effets, dans tous les secteurs de la décision économique, administrative et culturelle.

La gouvernance foncière efficace ne peut se proposer de combler ou de réduire sensiblement l'écart démographique de Dakar, Bamako et Nouakchott avec le reste du pays (Sénégal, Mali, Mauritanie).

CHAPITRE III

LES STRATÉGIES RÉGIONALES POUR UNE GOUVERNANCE FONCIÈRE INCLUSIVE, RESPONSABLE ET SÉCURISANTE

SECTION 1

LES DIRECTIVES VOLONTAIRES RELATIVES AUX RÉGIMES APPLICABLES AUX TERRES, PÊCHES ET FORÊTS DANS LE CONTEXTE DE LA SÉCURITÉ ALIMENTAIRE NATIONALE

§ 1. Le cadre général des Directives volontaires

Elles ont été élaborées par le Groupe de travail à composition non limitée au cours de sessions tenues en juin, juillet et octobre 2011 et en mars 2012. Elles sont ainsi le résultat de consultations ouvertes à tous, qui se sont déroulées en 2009 et 2010. Les Directives volontaires sont conformes aux instruments internationaux et régionaux se rapportant aux droits de l'Homme et aux questions foncières, notamment les Objectifs du Millénaire pour le Développement devenus les Objectifs de Développement Durable, et s'en inspirent. Elles visent à : améliorer la gouvernance foncière en fournissant des indications et des informations sur les pratiques acceptées au niveau international, pour mettre en place des systèmes de droits relatifs à l'utilisation, à la gestion et au contrôle des terres, des pêches et des forêts, à contribuer à l'amélioration et à l'élaboration des cadres politique, juridique et organisationnel qui régulent l'ensemble des droits fonciers sur ces ressources à renforcer la transparence des systèmes fonciers et améliorer leur fonctionnement à renforcer les capacités et le mode de fonctionnement des organismes d'exécution, des autorités judiciaires, des collectivités locales, des organisations d'agriculteurs et de petits producteurs, pêcheurs et utilisateurs de la forêt, des pasteurs, des peuples autochtones et autres communautés, de la société civile, du secteur privé, du monde universitaire, et de toute personne concernée par la gouvernance foncière, et promouvoir la coopération entre ces divers acteurs.

§ 2. La matrice des Directives volontaires en matière foncière

Compte tenu de la corrélation étroite entre les droits fonciers et droits de l'Homme (Haut-Commissariat des Nations Unies aux droits de l'Homme, 2014), la mise en œuvre des Directives peut constituer une étape importante vers la réalisation des droits de l'Homme - y compris le droit à une alimentation adéquate, reconnu par l'Article 11 du Pacte international relatif aux droits économiques, sociaux et culturels. Plus généralement, les Directives défendent des principes de mise en œuvre qui correspondent largement aux dispositions du droit international en matière de droits de l'Homme ; à savoir, la dignité humaine, les droits humains, l'équité et la justice, l'égalité entre les genres, l'état de droit, la transparence et la responsabilité.

Conformément aux éléments de base de la définition de l'état de droit des Nations Unies, les Directives incluent des dispositions visant à garantir l'accès à la justice et des moyens efficaces de règlement des conflits (par. 3.1.4 et 4,9), à prévoir des recours efficaces (par. 3,2, 4,9, 14,2), à tenir les personnes responsables des violations des droits fonciers (par. 3B.9) et à veiller à la participation des exploitants concernés (par. 4,10, 5,5, 7,3, 13,6,16,2).

De nombreuses dispositions des Directives visent à garantir la transparence des règles juridiques et des transactions foncières (par. 11,3, 11,4, 12,3, 12,5). Étant entendu que l'État de droit implique le respect des normes et standards internationaux en matière de droits de l'Homme, la responsabilité au regard de la loi et des procédures équitables et transparentes, cela signifie que les dispositions des Directives qui incarnent ces normes peuvent constituer un élément essentiel de responsabilité professionnelle des avocats à défendre l'État de droit.

SECTION 2

LE CADRE ET LES LIGNES DIRECTRICES SUR LES ORIENTATIONS DES POLITIQUES FONCIÈRES EN AFRIQUE

L'approche développée par la politique foncière est pertinente au regard des orientations du Cadre et des lignes directrices sur les orientations des politiques foncières en Afrique, dans la mesure où elle privilégie une approche holistique du foncier et des ressources naturelles, au lieu de s'engager dans une voie sectorielle. À cela s'ajoute le fait que le document de politique foncière prend en compte l'essentiel des préoccupations mentionnées dans le cadre de référence régional (reconnaissance de la légitimité des « *systèmes fonciers autochtones* », promotion de l'équité de genre, sécurisation des droits fonciers agricoles, prise en compte des besoins fonciers pour des utilisations non agricoles, etc.).

Dans le prolongement du cadre et des lignes directrices, les chefs d'État et de Gouvernement de l'Union africaine, réunis à la treizième session ordinaire à Syrte, du 1er au 3 juillet 2009, ont pris l'engagement de mettre en place des systèmes de gouvernance foncière efficaces, ancrés dans les principes de viabilité en vue d'assurer la préservation, la protection et le réaménagement de la terre et des ressources foncières en Afrique.

Ainsi, ils décident de donner la priorité aux processus d'élaboration et de mise en œuvre de la politique foncière dans leurs pays, à les lancer et à les superviser, quelle que soit l'importance de la contribution des différentes parties prenantes à ces processus, auxquels participent également la société civile et le secteur privé. D'ailleurs, parmi les autres engagements des États, nous pouvons noter l'appui de la mise en place du cadre institutionnel requis pour l'élaboration et la mise en œuvre effective de la politique foncière et l'allocation des ressources budgétaires suffisantes pour les processus d'élaboration et de mise en œuvre de la politique foncière, notamment le suivi des progrès.

En définitive, les décisions ressorties de la rencontre à Syrte portent sur les engagements des chefs d'État de mettre en place des lois foncières permettant un accès équitable à la terre et aux ressources foncières pour tous les utilisateurs de la terre, notamment les jeunes et autres groupes vulnérables et sans terre tels que les personnes déplacées.

§ 1. Vision du régime minier de l'Afrique adoptée en 2009

Cette vision commune présente un secteur minier africain fondé sur la connaissance, catalyseur et contribuant à une large croissance et au développement qui s'intègre pleinement à un marché africain commun et une connaissance exhaustive du patrimoine minier.

Cette vision promeut un secteur minier durable et bien régi qui produit effectivement et génère des rentes sur les ressources, qui est sûr, sain, tient compte des aspects genre et ethnie, de l'environnement, qui est socialement responsable et est apprécié des communautés environnantes.

Dans cette perspective, il est espéré que la situation minière de l'Afrique de l'Ouest peut s'améliorer. Toutefois, beaucoup reste encore à faire pour parvenir au changement. Les politiques, législations et réglementations destinées à faciliter la participation équitable des opérateurs économiques et des communautés locales doivent être peaufinées, ainsi que les instruments pour améliorer la distribution des revenus (provenant des redevances, es taxes sur les revenus, des taxes foncières, etc..).

La transparence et l'efficacité dans la gestion des revenus versés aux diverses autorités gouvernementales sont devenues un aspect important de l'agenda de la politique minière.

Les mécanismes de renforcement de ces deux impératifs sont encore à leurs débuts, mais peuvent significativement améliorer les profits de la population des pays riches en ressources. Ils doivent s'accompagner des efforts visant à renforcer les capacités institutionnelles et les compétences au niveau des gouvernements et autres organismes publics pour une planification à long terme efficace, une gestion prudente, des dépenses intelligentes, et l'épargne et l'investissement des richesses minières.

La Vision africaine pour l'exploitation minière a été mise au point pour fournir un plan détaillé crédible pour résoudre les problèmes susmentionnés. Elle repose sur la mise au point d'une nouvelle approche de développement intégré pour l'exploitation des ressources minières basée sur une forte volonté politique, une bonne compréhension des avantages de l'Afrique, l'exploitation des opportunités offerts par le boom actuel des produits de base, l'optimisation du potentiel de l'intégration régionale, et la construction des partenariats pour le changement.

§ 2. La directive minière adoptée par la CEDEAO en 2009

Reconnaissant que la responsabilité de promouvoir et de protéger les droits de l'Homme incombe principalement aux gouvernements, les investisseurs et autres entreprises commerciales dans le secteur minier de l'Afrique de l'Ouest, la CEDEAO, à travers la Directive C/DIR 3/05/09 en date du 27 mai 2009, a affirmé que l'exploitation minière peut affecter les systèmes écologiques et ne se limite pas à l'environnement immédiat du site minier et que dans les zones qui entourent les sites miniers, les communautés peuvent subir des impacts d'ordre environnemental, social et économique, que certaines « communauté d'intérêt », incluant les populations locales, l'artisanat minier, les travailleurs employés dans les mines et des gens vivant au sein des communautés sont marginalisés.

En outre, la Directive C/DIR 3/05/09 de la CEDEAO en date du 27 mai 2009 portant sur l'harmonisation des principes directeurs et des politiques dans le secteur minier a aussi affirmé l'importance du consentement préalable, donné librement et en connaissance de cause. En effet, l'article 16 dispose que « les sociétés minières doivent obtenir le consentement libre, préalable et éclairé des communautés locales avant le démarrage de l'exploration et avant le début de chaque phase successive de l'exploration minière ainsi que des opérations après-mine ». Ainsi, tout au long du cycle de l'exploitation minière, les titulaires de droits et titres miniers doivent tenir des consultations et des négociations permanentes sur les importantes décisions affectant les communautés locales. En définitive, les juridictions africaines (Cour de justice de la CEDEAO et la Cour africaine des droits de l'Homme et des peuples) peuvent être saisies en cas de violations des normes posées dans le cadre du respect du consentement préalable, donné librement et en connaissance de cause.

§ 3. Les principes directeurs relatifs aux investissements fonciers à grande échelle en Afrique (IFGE)

Ces principes directeurs sur les IFGE servent à faciliter la mise en œuvre de la Déclaration de l'UA sur les problèmes et enjeux fonciers en Afrique, le programme détaillé pour le développement de l'agriculture africaine et le plan d'action de Nairobi, en fournissant des orientations stratégiques et des conseils visant à influencer les IFGE dans l'agriculture africaine. Par conséquent, les principes directeurs sont la base de l'engagement, de la solidarité et de la responsabilité collective des gouvernements et des autres acteurs ainsi que des investisseurs pour améliorer la gouvernance des investissements agricoles à grande échelle en Afrique. Ces principes peuvent être synthétisés autour des fondamentaux suivants :

Principe fondamental 1 : Les IFGE respectent les droits humains des communautés et contribuent à la gouvernance responsable des terres et des ressources liées à la terre ; en outre, ils respectent les droits fonciers coutumiers et se font en conformité avec les principes de l'état de droit.

Principe fondamental 2 : Les décisions relatives aux IFGE sont guidées par les stratégies nationales pour le développement durable de l'agriculture qui reconnaissent l'importance stratégique des terres agricoles africaines et le rôle des petits exploitants agricoles dans la réalisation de la sécurité alimentaire, la réduction de la pauvreté et la croissance économique.

Principe fondamental 3 : Les décisions relatives aux IFGE et leur mise en œuvre sont fondées sur les principes de bonne gouvernance, y compris la transparence, la subsidiarité, l'inclusivité, la participation préalablement avisée et l'adhésion sociale des communautés concernées.

Principe fondamental 4 : Les IFGE respectent les droits fonciers des femmes, tiennent compte de leurs avis, génèrent des opportunités significatives pour elles aux côtés des hommes et n'aggravent pas la marginalisation des femmes.

Principe fondamental 5 : Les décisions sur les avantages et la faisabilité des projets sont prises sur la base d'une évaluation indépendante et globale des coûts et avantages économiques, financiers, sociaux et environnementaux relatifs à l'investissement proposé, envisagés tout au long de la durée de vie de l'investissement.

Principe fondamental 6 : Les États membres maintiennent des normes élevées de coopération, de collaboration et de responsabilité mutuelle afin de s'assurer que les IFGE bénéficient aux économies africaines et à leurs populations.

Les investissements à incidence foncière doivent respecter les droits de l'Homme des communautés y compris le droit à la terre et aux autres ressources (telles que les eaux et les forêts), le droit à l'alimentation, le droit de se prononcer (du fait du manque de consultation préalable) et le droit au développement (du fait de la perte des ressources servant à la subsistance). Les droits des femmes, des petits producteurs agricoles et des agriculteurs de subsistance, des peuples autochtones, des anciens déplacés internes et des communautés dépendant des forêts, du pastoralisme et des autres ressources naturelles sont particulièrement en danger.

Le processus par lequel les IFGE sont développés et mis en œuvre a également des conséquences sur les implications environnementales de ces investissements pour les communautés environnantes. Des processus participatifs, transparents et éclairés sont par conséquent nécessaires pour s'assurer que les IFGE promeuvent un développement inclusif et durable.

Ces principes directeurs visent la promotion d'IFGE fondés sur la bonne gouvernance, régis par des principes contenus dans la Charte Africaine des droits de l'Homme qui insistent sur la mise en place de conventions ou contrats juridiquement contraignants dans lesquels les droits et obligations de toutes les parties sont clairement définis dans le respect des droits humains. Les droits humains sont interdépendants et tous les droits de l'Homme peuvent être en jeu dans le cadre des IFGE. Les droits en cause incluent le droit d'accès aux terres, à l'eau et aux autres ressources naturelles, le droit à l'alimentation et à un niveau de vie suffisant, ainsi que le droit du travail. Ce respect de ces droits est exigé dans le contexte des IFGE (Investissements fonciers à grande échelle).

La demande croissante de terres agricoles africaines par des investisseurs nationaux et étrangers comme c'est le cas dans les IFGE a augmenté la vulnérabilité des populations locales, notamment des femmes, des petits exploitants agricoles et des éleveurs dont les revenus dépendent de l'accès aux ressources foncières, aux ressources en eaux et aux ressources forestières.

Dans cette perspective, les titulaires de droits doivent être indemnisés de manière adéquate si leurs droits sont affectés ou perdus. Il est important que le dédommagement aille au-delà de l'indemnisation pour la perte de terres pour englober les droits et avantages dont auraient bénéficié les titulaires de droits en raison de la détention ou utilisation foncière coutumière, individuelle ou collective de ces droits. Là où cela est applicable, ces acteurs doivent être équitablement pris en compte pour l'obtention d'un emploi rémunérateur, sans discrimination fondée sur le sexe ou tout autre. Souvent, les communautés ont besoin d'appuis pour leur permettre de négocier ces questions sur un pied d'égalité avec les investisseurs.

§ 4. La directive de la CEDEAO adoptée en 2017 sur le développement d'infrastructures hydrauliques en Afrique de l'Ouest

La 78e session ordinaire du Conseil des Ministres de la CEDEAO, qui s'est tenue à Monrovia (Libéria) les 1er et 2 juin 2017, a adopté une directive sur le développement d'infrastructures hydrauliques en Afrique de l'Ouest. Cette nouvelle directive est en vigueur sur l'ensemble du territoire des pays de la CEDEAO.

L'adoption de la directive par la Communauté économique des États de l'Afrique de l'Ouest (CEDEAO) est une étape importante pour la construction de meilleurs barrages. Les États devront la transposer dans leurs législations, en principe, dans un délai de trois ans. Cette adoption est le résultat d'un dialogue régional sur les grandes infrastructures hydrauliques initié par la CEDEAO en 2009, qui a vu une forte mobilisation de la société civile.

Son objectif est de faire en sorte que les considérations d'ordre écologique, économique et social soient davantage prises en compte dans la mise en œuvre de projets transfrontaliers d'infrastructures hydrauliques en Afrique de l'Ouest afin de garantir leur viabilité et d'assurer le développent durable en Afrique de l'Ouest.

La mise en application de la directive vise à atteindre ces changements à travers des mesures concrètes, en encourageant par exemple la recherche d'options alternatives aux projets qui conduiraient aux mêmes résultats économiques tout en réduisant les impacts sociaux et environnementaux.

Le texte appuie aussi la généralisation des évaluations environnementales stratégiques, au niveau sectoriel (hydroélectricité, énergie, irrigation, etc.) ou régional (au niveau d'un bassin). Il demande clairement des cadres juridiques et procéduraux plus robustes pour garantir le partage des bénéfices (terres agricoles, électricité, eau potable, pâturages, zones de pêche, etc.) avec les populations affectées et la protection des droits de ces populations. Enfin, il prône une plus grande transparence et une meilleure communication pour renforcer la concertation et la collaboration entre les parties prenantes, et en particulier la participation effective et en toute connaissance de cause des populations affectées aux prises de décision.

Pour garantir une bonne application de la directive, un effort de veille et de contrôle doit être assuré et le rôle de la société civile est déterminant.

Les bouleversements sociaux engendrés dans le cadre de ces projets devront être encadrés par des outils juridiques et un accompagnement social solides, à même de garantir que les droits des communautés locales sur leurs terres et les ressources naturelles associées pour une compensation plus juste.

Les gouvernements et les investisseurs privés qui ne respecteraient pas ces droits courent le risque d'accroître la pauvreté et de provoquer des conflits liés à la gestion de l'eau et des ressources connexes. Et ces risques ne se limitent pas au niveau local : la plupart de ces ouvrages hydrauliques ont, en effet, un caractère transfrontalier et des implications sur l'ensemble des territoires des bassins hydrographiques et des pays concernés.

§ 5. Les initiatives du CILSS

Le Comité Permanent Inter-États de Lutte contre la Sécheresse dans le Sahel (CILSS) a été créé le 12 septembre 1973 à la suite des grandes sécheresses qui ont frappé le Sahel dans les années 70. Il regroupe de nos jours treize (13) États membres dont : 8 États côtiers (Bénin, Côte d'Ivoire, Gambie, Guinée, Guinée-Bissau, Mauritanie, Sénégal, Togo) ; 4 États enclavés (Burkina Faso, Mali, Niger, Tchad) et 1 État insulaire (Cap-Vert).

Cette institution a pris une importante initiative en lançant à partir de 1994 un processus d'enracinement de la bonne gouvernance des ressources naturelles et du foncier en Afrique de l'Ouest. Ce processus qui a démarré par la conférence régionale sur la problématique foncière et la décentralisation au Sahel, tenue à Praia, au Cap-Vert, en juin 1994, a permis, d'une part, aux États de cet espace, après un diagnostic de la situation du foncier dans la sous-région, de fixer des principes minima devant garantir une meilleure gouvernance des terres et des autres ressources naturelles et, d'autre part, de créer les conditions d'une appréciation périodique du chemin parcouru dans la mise en œuvre de ces principes par les pays de la sous-région qui ont adhéré à la démarche. Il convient de souligner qu'effectivement, le forum régional, appelé « Praia +9 » organisé par le CILSS, à Bamako, en novembre 2003, pour « évaluer » la mise en œuvre des orientations de la conférence de Praia, a regroupé les acteurs de tous les États de l'Afrique de l'Ouest, que ces États soient sahéliens ou côtiers. En s'ouvrant à tous les États membres de l'espace de la Communauté Économique de États de l'Afrique de l'Ouest (CEDEAO), le forum de Bamako dont le thème fut « foncier et développement durable au Sahel et en Afrique de l'Ouest » avait permis à tous les acteurs de la sous-région de faire le bilan des engagements pris neuf (9) ans plus tôt à Praia. Cette rencontre fut également une occasion pour les acteurs de s'approprier la question foncière en relation avec leurs visions et leurs attentes de développement durable.

Les Actes qui ont sanctionné la conférence de Praia et le forum de Bamako comportent des orientations et des propositions visant l'amélioration de la gouvernance du foncier et des ressources naturelles en Afrique de l'Ouest. En effet, le CILSS et la CEDEAO ainsi que l'UEMOA, encouragent les États ouest-africains à aligner leurs stratégies et politiques nationales sur les orientations issues du processus de Praia, qui bien que n'ayant pas donné lieu à un texte de portée juridique, reste tout de même une plateforme d'actions consensuelle régionale afin d'atteindre les objectifs de sécurisation foncière et de gestion de ressources naturelles dans une perspective de développement durable[25]. Le

[25] Voir Chéibane Couloubaly et Bakary Diakité, la question foncière au Mali, les cahiers de Maunde Bukari, revue trimestrielle de l'université Mande Bukari, N° 09, 4ème trimestre 2007, pp. 22-24.

diagnostic formulé au cours de la conférence de Praia et du forum de Bamako ainsi que les mesures préconisées pour faire face à la situation l'attestent amplement.

S'agissant de la prise en compte des aspects fonciers dans le cadre de l'intégration sous-régionale, le forum de Bamako « invite les chefs des États membres du CILSS, de l'UEMOA et de la CEDEAO à prendre les dispositions appropriées pour la discussion, la négociation et l'adoption à terme d'un instrument de politique foncière commune, telle qu'une Charte foncière sous-régionale (toujours actuelle avec la CEDEAO), favorisant la sécurisation des investissements, la préservation des droits des communautés locales et la gestion des intérêts nationaux de chaque État ».

§ 6. Les initiatives de l'UEMOA

Ce niveau intermédiaire entre le niveau continental et le niveau national doit veiller à ce que les politiques et les législations foncières des États membres soient conformes aux autres politiques et normes du cadre communautaire. Ainsi, l'UEMOA se voit de plus en plus interpellée sur la question foncière au regard de ses objectifs et missions.

Le rôle essentiel de l'institution sous-régionale consiste alors à soutenir et faciliter les processus nationaux engagés par les États afin que les politiques foncières respectives soient cohérentes avec les principes et les chantiers de l'intégration sous-régionale. C'est le cas notamment pour la Politique Agricole de l'Union (PAU) ; la Politique de l'Aménagement du Territoire communautaire (PATC) ; la construction du marché commun au sein de l'espace UEMOA ; les principes de libre circulation des personnes, des biens et des capitaux, ainsi que le principe du droit d'établissement. Tous ces instruments supposent un environnement d'accès sécurisé à la terre au sein de l'espace

UEMOA. Au demeurant, il faut noter que la bonne gestion du foncier contribue fortement à la préservation de la paix dans la région.

Toutes ces considérations nous amènent à considérer l'UEMOA comme un pilier central dans l'appui à l'élaboration de politiques foncières respectueuses des normes sous-régionales. C'est ainsi que juste après l'adoption du CLD par les Chefs d'État et de Gouvernement, l'UEMOA a commandité une étude sur « La question foncière rurale face aux défis de l'intégration régionale dans l'espace UEMOA[26] ». Les recommandations fortes retenues sont :

- Mieux encadrer l'accaparement des terres en assurant la préservation des intérêts des exploitants familiaux et de les consulter avant toute attribution de terre relevant de leur terroir et les associer dans les prises de décision ;
- Veiller à la préservation des intérêts nationaux dans une perspective de long terme ;
- Renforcer les capacités de négociation des États et favoriser les approches de réponse concertée pour faire efficacement face à ce phénomène.
- Engager des concertations autour de la mise en place de l'Observatoire régional sur le foncier en Afrique de l'Ouest ;
- Approfondir la réflexion sur la faisabilité de l'Observatoire ;
- Prendre des mesures appropriées pour une mise en place effective de l'Observatoire dans des délais raisonnables.

[26] L'Atelier de validation de l'étude a été tenu le 29 octobre 2009 à Dakar.

- Soutenir le développement des échanges d'expériences en matière foncière entre États membres ;
- Œuvrer à la mise en place au niveau régional d'un cycle de formation sur le foncier ;
- Prendre en compte le financement des réformes foncières dans les mécanismes régionaux de financement existants.
- S'imprégner des processus en cours au niveau des États ;
- Faire le point des initiatives engagées par les autres partenaires au niveau régional et veiller à un partage de l'information ;
- Œuvrer à assurer la synergie et complémentarité des actions en fonction des avantages comparatifs respectifs des différentes institutions.

L'UEMOA est dans un processus de mise en place d'un Observatoire National sur le Foncier Rural en Afrique de l'Ouest (ORFAO) d'une étude de faisabilité très détaillée publiée en septembre 2013 qui est articulée autour de cinq (5) missions principales suivantes : une mission d'information, de suivi-évaluation, de capitalisation, d'aide à la décision et de communication. Le processus de mise en place de cet observatoire est toujours en cours mais bloqué, par moments, par une absence de ressources humaines et financières. Cependant, à ce jour, l'ORFAO a commandité deux principales études : une étude régionale sur les marchés fonciers ruraux et les outils de leur régulation en Afrique de l'Ouest[27] et une autre qui portait sur les marchés fonciers urbains dans l'espace de l'UEMOA.

---

27 https://www.ipar.sn/IMG/pdf/ipar-uemoa-_rapport_sur_les_marches_fonciers_ruraux_en_afrique_de_l_oues_et_les_outils_de_leurs_regulations.pdf

§ 7. Les initiatives de la CEDEAO en matière foncière

Dans l'espace régional CEDEAO qui comprend quinze États membres, la question foncière est au cœur des préoccupations des décideurs politiques régionaux en raison de la convoitise dont la terre fait l'objet de la part des différents utilisateurs : cultivateurs, éleveurs, exploitants forestiers, accès aux eaux marines et continentales par les pêcheurs, gestion des zones de chasse, etc.), l'avènement de nouveaux demandeurs étrangers pour des baux emphytéotiques ou par achat définitif.

Pourtant, dans l'espace régional, les lois sont variées et d'un pays à l'autre, les populations de la région n'ont pas toujours droit à une appropriation primitive de la terre. Elles ne peuvent qu'en jouir de manière temporaire. Qui parle d'intégration évoque la libre circulation des personnes et des biens, le droit d'établissement et de résidence dans l'ensemble des pays qui ont choisi de s'unir dans un ensemble régional dirigé par un organisme supranational. Il en découle que les droits d'établissement et de résidence impliquent une cohérence régionale dans les lois foncières, actuellement disparates et écartelées entre les droits coutumiers et les droits modernes dans la gestion du domaine foncier national. Dans certains pays, la terre est la propriété de l'État qui en assure les différentes affectations, dans d'autres, elle est un bien de la communauté ou des groupements de familles, etc. Cette disparité a pour effets induits des difficultés pour faire des investissements durables, et de s'établir dans la durée conformément à l'Acte additionnel sur la libre circulation des personnes et des biens et le droit d'établissement.

Face à cette situation, la Commission de l'Union Africaine a défini un « Cadre et des lignes directrices sur les politiques foncières en Afrique » (UA/BAD/CEA, 2010). Ce cadre a pour but d'aider les pays et les régions à travailler à formuler et mettre en œuvre des politiques foncières harmonisées de manière à renforcer les droits fonciers, d'améliorer la productivité et les conditions d'existence des populations africaines en général et celles de l'espace CEDEAO en particulier, en proie à l'insécurité alimentaire et nutritionnelle et à la malnutrition. En considération de ce qui précède, et eu égard à la disparité des lois et des conditions d'accès à la terre révélée par l'étude conduite par la CEDEAO avec l'appui de UNECA, (CEDEAO/UNECA, 2013).

On ne saurait parler d'intégration et de la CEDEAO des peuples d'ici à l'horizon 2020 sans traiter la question du foncier qui est le premier capital sur lequel l'on édifie pour habiter, pour faire de la production agricole, faire de la transformation dans des usines, exploiter les ressources naturelles. Nous sommes rendus au stade où l'on dispose d'un instrument, l'Observatoire sur le foncier en Afrique de l'Ouest qui est arrivé au stade presque opérationnel. Aujourd'hui, il nous faut aller de l'avant en adoptant une Directive communautaire sur le foncier qui soit représentative des besoins de transformation économique et d'intégration de l'Afrique de l'Ouest. Elle a été discutée et soumise aux États membres.

Conclusion générale

Il apparaît que la question de la gouvernance des ressources foncières en Afrique de l'Ouest est parmi les plus brûlantes. Les convoitises autour des ressources s'exacerbent, surtout dans un contexte marqué par une ruée massive d'acteurs nationaux mais également étrangers autour des terres arables. Le croît démographique ainsi que le changement climatique sont autant de facteurs qui contribuent à l'amenuisement des superficies utiles alors qu'au même moment, les besoins augmentent.

Face à cette situation, les États ont engagé des réformes foncières qui, selon les pays, se trouvent à des stades différents. Si certains pays ont pu se doter de documents de politiques et procéder à la relecture de leur arsenal juridique, d'autres sont dans le processus alors que certains pays peinent encore à enclencher la réforme de la gouvernance du foncier qu'appellent de toutes leurs forces les groupes d'acteurs. Dans le premier lot, certains pays comme Burkina Faso, Mali, Bénin et Togo ont revu leur cadre juridique et politique relatif à la gouvernance des terres, mais l'enjeu est actuellement autour de la mise en œuvre effective et efficiente du dispositif. La question de l'implémentation est cruciale car elle renseigne à suffisance le rapport contradictoire que nos gouvernants entretiennent avec la question du foncier. S'il ne fait pas de doute que la question foncière relève de la souveraineté nationale, il apparaît que beaucoup de réformes dans le secteur foncier sont mises en œuvre à partir de ressources provenant de projets de développement. L'exemple du Burkina Faso est très parlant. La réforme date de 2009 mais jusqu'à présent, le plan de généralisation du dispositif de la réforme à l'ensemble des communes du pays peine à prendre effet malgré la volonté sans cesse renouvelée de l'État. Finalement, ce sont des projets sur financement extérieur qui se substituent à l'État alors que la plupart d'entre eux n'interviennent que dans quelques communes ou ne mettent en œuvre que quelques outils de la réforme. Cette absence de généralisation de la loi produit une rupture entre citoyens entre ceux qui ont bénéficié de possibilités de mise en œuvre de la loi dans leur commune et d'autres qui n'en bénéficient pas et qui, pour combler le vide, continuent à appliquer le dispositif ancien. Cette situation est loin de concerner simplement le Burkina Faso, mais s'applique davantage à presque tous les pays qui sont dans un stade d'implémentation.

Certains pays sont en instance de réforme. L'enjeu se situe sur la mobilisation de l'expertise et de l'ingénierie juridique en matière de sécurisation foncière. Il faut le noter, le foncier est au cœur des intérêts divergents et qu'il faut compter sur le choc entre des logiques qui ne plaident pas en faveur des mêmes acteurs.

La question de la sécurisation foncière apparaît particulièrement difficile à traiter, tant les variables à prendre en considération sont nombreuses et parfois contradictoires. On assiste, en effet, à une crise multiforme (vivrière, économique, sociale et écologique) qui se combine avec l'échec des politiques financières et agricoles. Les législations modernes restent, dans une grande mesure, mal connues des populations rurales et appliquées de façon très imparfaite et partielle, et les populations continuent à se référer aux valeurs et aux autorités de la coutume. Cette situation rend la gestion foncière complexe. Alors, pour qu'il ait un développement réel, il faut qu'il y ait un compromis, une sécurisation des acteurs.

La sécurisation passe ainsi par la prise en compte successive des différentes dimensions du foncier, en apportant aux acteurs les réponses qui, sur le plan de l'économique, du juridique, des modes d'aménagement et du politique, réduisent l'insécurité des situations et permettent à ces acteurs d'investir leur temps, leur capital financier et leur intelligence en vue d'une vie meilleure de leurs familles.

Au total, la réforme foncière doit être pensée et mise en œuvre par les Africains eux-mêmes au profit des Africains et de l'Afrique.

BIBLIOGRAPHIE INDICATIVE

AHOUNOU-HOUENASSOU E. – Plaidoyer pour une effectivité des droits de la femme au Bénin, WiLDAF/FeDDAF-Bénin, juil. 2002, 52 p.

AURA R. – Le droit des femmes à la terre et à la justice en Afrique, Rapport de la conférence sur les droits fonciers des femmes africaines, Acord, Oxfam et Action Aid, 2012, 56 p.

BALNY P., Beth (O.) et Verlahac (E.) – Protéger les espaces agricoles et naturels face à l'étalement urbain, CGAAER, CGEDD (France), mai 2009, 58 p.

BARRIERE O. – Le foncier-environnement : fondements juridico-institutionnels pour une gestion viable des ressources naturelles au Sahel, Étude législative, no 60, FAO, 1997, 120 p.

BERLOGEY J.-M. – Sécurité juridique et complexité du droit, EDCF, 2006, 411 p.

BLEIN R. et SOULE B. G. – Revue et analyse des mesures engagées à court et moyen terme en réponse à la hausse des prix et produits alimentaires en Afrique de l'Ouest, FARM, 2008.

BULOT C. – Démythifier le foncier : État des lieux de la recherche, ADEF, 2013, 109 p.

CHAUVEAU J.-P. et al. Modes d'accès à la terre, marchés fonciers, gouvernance et politiques foncières en Afrique de l'Ouest, Londres, CLAIMS et IIED, avril 2006, 91 p.

CHAUVEAU J.-P. et MATHIEU P., « Dynamiques et enjeux des conflits fonciers », in DELVILLE P. L. (dir.), Quelles politiques foncières pour l'Afrique rurale ? Réconcilier pratiques, légitimité et légalité, Karthala – Coopération française, Paris, 1998, pp. 243-258.

CILSS, Problématique foncière et la décentralisation des ressources naturelles, Actes de la Conférence de Praia, 1994.

CARPANO F. – Sécurisation des droits fonciers des femmes : ouvertures et obstacles, Rapport de l'atelier tenu le 19 novembre 2010 à Maputo (Mozambique), 2010, 58 p.

Colin J.-P. et al. – Les appropriations de terres à grande échelle : Analyse du phénomène et propositions d'orientations, Comité Technique Foncier et Développement, 2010, 56 p.

COTULA L. – Droits fonciers et accès à l'eau au Sahel : Défis et perspectives pour l'agriculture et l'élevage, IIED, 2006, 106 p.

DAOUDA D. – Les enjeux et la dimension régionale de l'agriculture sénégalaise : note de synthèse Sénégal, préparation du cadre de politique agricole commune (PAC/CEDEAO), CEDEAO, juin 2004, 17 p.

Daouda (D.) – Les organisations paysannes dans la négociation des politiques agricoles en Afrique de l'Ouest et au Sénégal, Fondation de France, CFSI, oct. 2010, 16 p.

DIALLO I, Le droit des collectivités locales au Sénégal, L'Harmattan, 2008.

DIALLO, I Le foncier en Afrique de l'Ouest, rapport Oxfam, 2016

DIALLO I, La gouvernance foncière dans le bassin du fleuve Sénégal, Rapport Oxfam 2015.

DIALLO I, Analyse de la Gouvernance foncière au Sénégal, SNE, ILC, 2017.

DIALLO I et alii, Capitalisation des outils locaux de gouvernance foncière dans le bassin du fleuve Sénégal, FAO, 2018.

Delville Lavigne (P.) et al. – Rapport d'étude régionale sur les marchés fonciers ruraux en Afrique de l'Ouest et les outils de leur régulation, UEMOA, juin 2017, 198 p.

DIARRA M.et al. – Femmes sans terre, femmes sans repères ? Genre, foncier et décentralisation au Niger, IIED, 2006, 57 p.

DJIRE M. – Les paysans maliens exclus de la propriété foncière, IIED, 2007, 28 p.

GADO B. A., « Instances d'arbitrage et itinéraires de résolution des conflits fonciers dans le Boboye (Niger) », in Lavigne Delville Ph., Toulmin C., Traoré S. dir., Gérer le foncier rural en Afrique de l'Ouest, Karthala/URED, 2000, pp. 303-326.

GIDIS-CI, Contribution au rapport de synthèse « politique et interventions foncières » INCO-CLAIMS, 2005.

Graf, Gret, IIED, Pour une sécurisation foncière des producteurs ruraux -Actes du séminaire international d'échanges entre chercheurs et décideurs, Ouagadougou, du 19 au 21 mars 2002, GRET, Paris, 2003, 175 p.

GUEYE, Ouédraogo et Toulmin, Aperçu régional ouest-africain – intégration de la terre dans la problématique plus large du développement. Synthèse Kampala. Kampala, Banque Mondiale, 2002.

JACOB J.P., La tradition du pluralisme institutionnel dans les conflits fonciers entre autochtones. Le cas du Gwendégué (centre-ouest Burkina Faso), document de travail de l'UR REFO n° 3, IRD/GRET, 2002.

KONE, M., Foncier rural, citoyenneté et cohésion sociale en Côte d'Ivoire : la pratique du tutorat dans la sous-préfecture de Gboguhé. In Les Frontières de la question foncière : enchâssement social des droits et politiques publiques.

Montpellier/Genève/Mayence, CIRAD/IRD/IUED/GUTENBERG, 2006.

KONE, M., Côte d'Ivoire : Quelles lois pour résoudre les problèmes liés au foncier ? In Défis Sud : Comment garantir le droit à la terre, n° 74 : 27-28. Bruxelles, SOS Faim ASBL/Action pour le développement ; 2006.

Koné, M., Les Femmes et l'accès à la terre en milieu rural ivoirien. In Regards sur le foncier rural en Côte d'Ivoire (51-80), Abidjan, INADES/NEI/CERAP, 2003.

KONE, M., Gaining Rights of access to land in Central Côte d'Ivoire. IIED, London, 2002.

KONE, M., Basserie, V. et Chauveau, J-P., « Petits reçus » et « conventions ». Les procédures locales de formalisation des droits fonciers et les attentes de « papiers ». Étude de cas dans le centre-ouest ivoirien, in Lavigne Delville Ph. et Mathieu P. coord., 1999, Formalisation des contrats et des transactions : Repérage des pratiques populaires d'usage de l'écrit dans les transactions foncières en Afrique rurale, document de travail, Gret/IED/UCL.

Lavigne Delville, P. et Mathieu, P. (éds) : Formalisation des contrats et des transactions. Repérage des pratiques populaires d'usage de l'écrit dans les transactions foncières en Afrique rurale. Paris/Louvain, GRET/IED, 1999.

LE BRIS E. et al., (dir.), 1991. L'appropriation de la terre en Afrique noire. Manuel d'analyse, de décision et de gestion foncière, Paris, Editions Karthala, 359 p.

LE BRIS E. et al. 1982. Enjeux fonciers en Afrique Noire, édition Karthala, Paris, 425 p.

LE ROY E, et al. 1996. La sécurisation foncière en Afrique. Pour une gestion viable des ressources renouvelables, Paris Karthala, 388 p.

LE ROY E. et NIANG M., 1969. Régime juridique des terres chez les Wolof ruraux du Sénégal, Paris, Laboratoire d'Anthropologie juridique, 166 p.

LE ROY E., 1987. La réforme du droit de la terre dans certains pays d'Afrique francophone, Rome, FAO, Étude législative n° 44, 108 p.

LE ROY E., « Une doctrine foncière pour l'Afrique de l'an 2000 », In L'avenir des tiers mondes. Paris, PUF, 1991, pp. 194-211.

LE ROY E., « La sécurité foncière dans un contexte de marginalisation imparfaite de la terre », In BLANC-PAMARD C. et CAMBREZY L. (coord.), Terre, Terroir, Territoire, les tensions foncières, Paris, ORSTOM, 1995, pp. 455-472.

LE ROY E., KARSENTY A. et BERTRAND A., La sécurisation foncière en Afrique. Pour une gestion viable des ressources renouvelables, Paris, Editions Karthala, 1996, 388 p.

LE ROY, E. « Le régime minier entre le monopole de l'État et le privilège de l'inventeur » in LE BRIS et al. (dir.) L'appropriation de la terre en Afrique noire, Paris Karthala, 1991,pp. 117-121.

HOCHET P. – Burkina Faso : vers la reconnaissance des droits fonciers locaux, AFD, juin 2014, 33 p. État des lieux et analyse de la prise en compte du foncier pastoral dans les politiques et les cadres réglementaires en Afrique de l'Ouest, Ipar et Inter-réseaux développement rural, oct. 2015.

IDRISSOU (A. H.) et al. – La gouvernance du foncier rural au Bénin : La société civile s'engage, SNV Bénin, Cotonou, 2014, 68 p.

OUEDRAGO H. – La question foncière rurale face aux défis de l'intégration régionale dans l'espace UEMOA, UEMOA, Banque mondiale, 2009, 77 p. PPEA –

UEMOA. Les grandes orientations de la politique agricole de l'UEMOA, Rapport principal, UEMOA, mar. 2002, 154 p.

TABLE DES MATIÈRES

Structures éditoriales du groupe L'Harmattan

L'Harmattan Italie
Via degli Artisti, 15
10124 Torino
harmattan.italia@gmail.com

L'Harmattan Hongrie
Kossuth l. u. 14-16.
1053 Budapest
harmattan@harmattan.hu

L'Harmattan Sénégal
10 VDN en face Mermoz
BP 45034 Dakar-Fann
senharmattan@gmail.com

L'Harmattan Cameroun
TSINGA/FECAFOOT
BP 11486 Yaoundé
inkoukam@gmail.com

L'Harmattan Burkina Faso
Achille Somé – tengnule@hotmail.fr

L'Harmattan Guinée
Almamya, rue KA 028 OKB Agency
BP 3470 Conakry
harmattanguinee@yahoo.fr

L'Harmattan RDC
185, avenue Nyangwe
Commune de Lingwala – Kinshasa
matangilamusadila@yahoo.fr

L'Harmattan Congo
219, avenue Nelson Mandela
BP 2874 Brazzaville
harmattan.congo@yahoo.fr

L'Harmattan Mali
ACI 2000 - Immeuble Mgr Jean Marie Cisse
Bureau 10
BP 145 Bamako-Mali
mali@harmattan.fr

L'Harmattan Togo
Djidjole – Lomé
Maison Amela
face EPP BATOME
ddamela@aol.com

L'Harmattan Côte d'Ivoire
Résidence Karl – Cité des Arts
Abidjan-Cocody
03 BP 1588 Abidjan
espace_harmattan.ci@hotmail.fr

Nos librairies en France

Librairie internationale
16, rue des Écoles
75005 Paris
librairie.internationale@harmattan.fr
01 40 46 79 11
www.librairieharmattan.com

Librairie des savoirs
21, rue des Écoles
75005 Paris
librairie.sh@harmattan.fr
01 46 34 13 71
www.librairieharmattansh.com

Librairie Le Lucernaire
53, rue Notre-Dame-des-Champs
75006 Paris
librairie@lucernaire.fr
01 42 22 67 13

www.ingramcontent.com/pod-product-compliance
Lightning Source LLC
LaVergne TN
LVHW010940061026
849535LV00007B/2493
* 9 7 8 2 3 3 6 4 5 3 9 9 6 *